I0083398

CATHÉDRALE DE DOL.

CATHÉDRALE DE DOL.

HISTOIRE DE SA FONDATION.

SON ÉTAT ANCIEN ET SON ÉTAT ACTUEL.

Ouvrage composé d'après des documents inédits,

PAR

TOUSSAINT GAUTIER,

MEMBRE CORRESPONDANT DE LA SOCIÉTÉ ARCHÉOLOGIQUE
D'ILLE-ET-VILAINE,

Auteur du *Dictionnaire des Confréries et Corporations des Arts
et Métiers*, de *l'Histoire de l'Imprimerie en Bretagne*,
etc., etc., etc.

Immorior studiis et senesco amore sciendi.

SE TROUVE :

A DOL-DE-BRETAGNE,

CHEZ L'AUTEUR, RUE ÉTROITE.

A RENNES,

CHEZ M. GANCHE, LIBRAIRE, RUE DE LA VISITATION.

1860

CATHÉDRALE

DE DOL.

I.

INTRODUCTION.

Un point historique assez débattu parmi les anti-
quaires, c'est l'époque de la construction de la Cathédrale
actuelle de Dol.

Quand fut rebâtie cette Cathédrale? Tout l'édifice a-t-il
été construit à la même époque? Voilà deux questions
auxquelles on a essayé de donner une solution, mais,
jusqu'à ce jour, les réponses ont été loin d'être satisfai-
santes.

Ce n'est pas, toutefois, que des notices, même étendues, n'aient été écrites sur ce point en litige ; dès 1836,
M. Prosper Mérimée, inspecteur général des monuments
historiques, aujourd'hui membre du Sénat, publiait une
notice, remarquable par la propriété des termes et l'exactitude de la description. Nous avons dit *description :* car
c'en est une. M. Mérimée n'invoque ni ne cite aucun

document historique à l'appui des quelques dates fixées par lui très-approximativement. Ce fait ne doit pas étonner chez un homme, écrivain très méritant, mais tellement persuadé que la Bretagne n'avait aucun document sur son histoire, pendant le Moyen-Age, qu'il se croyait dès lors dispensé, par cela même, de faire aucune information à cet effet. (1)

Il est à remarquer, du reste, que le travail de M. le sénateur Mérimée a servi de base et de modèle à toutes les descriptions subséquentes à la sienne, et dont aucune n'est assez complète, historiquement parlant, pour porter le nom de *monographie*.

J'ajouterai que, sauf un document emprunté à Dom Morice, qui le premier l'avait publié, je ne retrouve dans les notices postérieures à celles de M. Mérimée, rien de plus que ce qui se rencontre déjà dans celle par lui publiée.

Je crois pouvoir m'expliquer, assez facilement, cette absence de documents historiques. Pour mettre en lumière des documents inédits, qui eussent permis de compléter, et au besoin de rectifier les données précédemment émises, il eût fallu beaucoup chercher, chercher longtemps, inutilement peut-être, mais, cependant, sans perdre courage ni regarder en arrière. Il eût fallu dévorer la poussière des bibliothèques, remuer les vieux registres poudreux et moisis par les siècles.

Pourquoi ne le dirions-nous pas ? Tout le monde n'est pas né chercheur ; — disons plus, — il y a peu de gens qui

(1) Bien avant nous, la même remarque avait été formulée par un critique breton, M. Guillaume Lejean, auteur de *la Bretagne, son Histoire et ses Historiens*, p. 281.

aient la vaillance de ces recherches, bien moins encore qui aient la persévérance nécessaire pour les conduire à bonne fin.

Quant à nous qui, dernier venu, allons essayer à notre tour de raconter les annales de l'ancienne métropole, nous osons nous vanter d'avoir effectué des recherches persévérantes, énergiques ; mais qui, nous l'avouons en toute humilité, ne sont pas complètes au gré de nos désirs. Toutefois, nous avons droit de le dire, ce n'est pas nous qui avons fait défaut aux documents ; ce sont les documents qui nous ont manqué.

Néanmoins, et tout incomplets que sont encore les documents que nous avons recueillis, nous les produisons avec une satisfaction intérieure que nous ne chercherons nullement à dissimuler ; d'autant plus que leur recherche a été pour nous un charme et une trève dans des tribulations pénibles, et qui nous faisaient douter si jamais nous verrions l'instant de les publier.

Béni soit donc le Ciel d'avoir enfin fait luire le jour où ces documents peuvent être publiés !

L'honneur de les publier, car c'en est un, nous appartenant à nous, plus qu'à tout autre, nous, enfant de cette Eglise, qui nous a vu naître et grandir, qui reçut nos premières aspirations......

II.

OPINIONS DIVERSES SUR L'ORIGINE DE L'ÉGLISE DE DOL.

Avant d'aller plus loin, et tout d'abord, nous allons étudier l'origine de l'Eglise et du diocèse de Dol.

Dom Alexis Lobineau, auteur des *Vies des Saints de Bretagne*, écrit dans la vie de saint Samson, que ce saint personnage bâtit son monastère au lieu où est à présent la ville de Dol, et suppose que c'est vers l'an 548, que cette ville a commencé par son Eglise.

Dans la même biographie, mais un peu plus loin, le même hagiographe, après avoir raconté les deux voyages de Samson à Paris, et les prodiges par lui opérés à la cour de Childebert, ajoute : « Avant que saint Samson » partît de Paris, le roi Childebert aiant sceu qu'il etoit » évêque, voulut qu'il en fit les fenctions en son roiaume » et établit son siége dans son monastère de Dol.... C'est » donc, conclut-il, à l'an 555 qu'on doit rapporter la » naissance de l'Eglise de Dol, et reconnoître Childebert » pour le fendateur de cet Evêché, puisque le légendaire » de saint Samson et celui de saint Magloire conviennent » en ce point très-important, que ce fut Childebert qui » établit saint Samson évêque de Dol, et qui lui donna » de grands biens dont les évêques de cette ville sont en- » core en possession (1725)...... »

L'auteur de *l'Histoire Ecclésiastique de Bretagne*, Gilles Deric, ne partage pas l'opinion du bénédictin Lobineau.

Suivant le chanoine de Dol, cette ville doit son existence à une colonie formée par une partie de la jeunesse bretonne, qui s'était attachée à la fortune de Maxime et l'avait suivi en Bretagne. (1) Pour le prouver, l'abbé Deric s'appuie des étymologies des noms *Dolomhoir* et *Adala*.

Le même historien donne Conan-Mériadec pour le fondateur de l'évêché de Dol, et appelle Senior, le premier évêque.

Enfin, l'abbé Deric regarde comme deux choses bien distinctes, la ville de Dol qui, à son avis, existait dès la fin du quatrième siècle, et le monastère dit *Dol*, fondé en 548, par saint Samson II.

« De là, dit-il, on doit conclure quel cas on doit faire de l'opinion qui attribue à ce monastère l'origine de la ville de Dol, et qui n'en fait remonter les premiers évêques qu'à saint Samson II......

» L'un (le monastère) dominoit sur le rivage de la mer et sur un port ; l'autre (la ville) sur la plaine de la forêt voisine. L'un étoit une ville 150 ans avant l'arrivée de saint Samson II en Armorique ; l'autre ne fut habité que quand cet évêque y établit un monastère....... » (2).

Il est juste de dire ici que M. Deric n'est point le premier qui ait mis en avant qu'un siége épiscopal existât dans le pays de Dol avant l'arrivée de saint Samson. Mais, avant lui, personne n'avait établi, ainsi qu'il l'a fait, une distinction entre la ville de Dol et le monastère fondé par saint Samson en 548.

D'ailleurs, la distinction établie par l'abbé Deric est

(1) Deric, *Histoire Ecclésiastique*, t. 1, p. 12, 13, 186, 187 (notes 2, 3, 4), 213, 397, 418.

(2) Deric, *ibidem*, p. 417.

d'autant moins facile à admettre, qu'elle s'appuie principalement sur des étymologies, dont l'exactitude rigoureuse n'est pas généralement admise.

Quant à l'existence du siége épiscopal, qui aurait existé dans le pays de Dol, antérieurement à l'arrivée de saint Samson II, elle est admise en principe par les plus anciens historiens, qui, pour la plupart, le placent au lieu de Carfenten, sous Dol.

« ...... Aucuns, dit le sénéchal d'Argentré, tiennent
» celuy (l'évêché) de Dol avoir esté estably par sainct
» Samson en l'an cinq cens cinquante six ; et qu'il luy
» donna le nom ete appellation de Dol, pour avoir après
» son passage de l'Isle, habité en c'est endroit de Bretai-
» gne, et y avoir trouvé un seigneur du terroir nommé
» Privatus, en douleur et fort affligé pour le desplaisir de
» sa femme, qui estait esprise de ladrerie laquelle il guarit.
» Mais, à la vérité, il se trouve de plus ancienne mémoire
» que Dol fust lors ville, ou village, que du temps de sainct
» Samson : et si disent encore aucunes anciennes chroni-
» ques *que le siége épiscopal estait dès lors qu'il vint en
» ce pays, érigé en vn lieu ou de présent est assis la
» paroisse et Eglise de Carfentain, (1) distante d'un
» quart de lieue de Dol ;* lequel Surget dit avoir esté ruiné
» par les Danois, et ès degats faits par les Frisons et
» Goths, lorsqu'ils estoient entrés au pays : et aussi, mal-

(1) D'Argentré, *Histoire de Bretagne*, in-folio, édition de 1582, pages 130, 131, 132. — Voir encore : Ogée, *Dictionnaire historique de Bretagne*, édition de 1778, t. II, *verbo Dol*. — Deric, *Histoire Ecclésiastique*, tome 1, pages 12, 13, 185, 186, 187, édition de 1847. — Et enfin notre *Petite Géographie historique de l'arrondissement de Saint-Malo*, in-32, 1858, pages 62, 63, 64, 65.

» prôprement aurait-on formé le mot de Dol, pour avoir
» prins cause de la douleur : car ce mot de Dol vaut autre
» chose que douleur et aurait mal prins sa formation de
« telle occasion. Bien est véritable que ledit sainct Sam-
» son édifia l'Eglise et oratoire pour luy et ceux qui avec
» luy avoient passé d'Angleterre et d'Escosse et s'en dist
» et porta evesque, les autres disent archevesque........ »

Albert-le-Grand admet également que saint Samson ait
eu des prédécesseurs, seulement il veut qu'ils aient fait
leur résidence « en l'ancienne ville de Kerfeunten, » aujourd'hui Lanmeur, auprès de Morlaix. Du reste, il revient
au sentiment de d'Argentré en ce qui est de la translation
du siége épiscopal, faite à Dol par saint Samson.

Voici en quels termes le candide dominicain raconte
l'arrivée du pontife et la fondation du monastère de Dol.
Après avoir dit l'apparition de l'ange qui ordonna à Samson de se diriger vers l'Armorique, il ajoute :

« Le saint prélat ayant receu ce commandement du
Ciel, se disposa pour l'exécuter, et l'ayant manifesté à ses
chanoines et religieux, il donna ordre aux affaires de son
Eglise d'Eborac et monta en mer avec ceux qui le vou-
leurent suivre, et d'un bon vent fut en peu de temps porté
au rivage de la Bretagne Armorique, et ayant posé l'ancre
à l'embouchure d'vne rivière (*portu in fluvio* GUBIOLO
capto (BALDVIK), descendit à terre et trouvant sur le rivage
un personnage nommé Privatus fort triste et désolé, il lui
demanda ce qu'il faisoit là et quel estoit le sujet de sa tris-
tesse, il luy répondit qu'il attendoit un saint personnage
qui devoit bien tost venir d'outre-mer lequel guériroit
sa femme qui estoit lepreuse, et sa fille qui estoit
possedée du malin esprit. S. Samson le consola et le sui-

vit jusques dans sa maison, où ayant prié pour les deux
patientes il les guérit. Privatus ayant veu ces guérisons
miraculeuses, reconneut que saint Samson estoit celuy
qu'il attendoit pour guérir sa femme, et s'estant mis à genoux devant luy, le remercia, le suppliant de vouloir demeurer en ses terres, qu'il luy donneroit telle place qu'il
voudroit, pour demeurer. Saint Samson accepta son
offre (1) et choisit un lieu où il y avoit un puits tout couvert de ronces et brossailles, y édifia un monastère, lequel
en peu de temps fut achevé et s'y logea avec ses religieux
et ce monastère s'appela *Dol,* où depuis fut édifiée une
ville qui fut siége d'archevesché......... »

Dom Lobineau, déjà cité, a donné, lui aussi, un récit
de l'arrivée de saint Samson. Sa narration ne diffère de
celle d'Albert-le-Grand qu'en ce qu'elle est plus détaillée
sur les commencements du séjour du saint dans nos contrées.

(1) Dom Lobineau (*Vies des Saints de Bretagne,* page 104), parle
aussi de cette donation faite à saint Samson par le prétendu
Privatus; mais dans des termes moins décisifs qu'Albert-le-Grand.
M. l'abbé Deric, au contraire, après avoir cité le texte original de
la vie de saint Samson, conclut ainsi : « Ce ne peut être que par
» inadvertence ou par une ignorance grossière, ou par dérision,
» qu'on a tenté d'attacher au mot *Privatus* des idées de grandeur.
» 2° Ce texte ne fait pas même soupçonner que le mari de cette
» lépreuse, ou elle, eussent des possessions considérables.
» 3° Rien n'y indique, même indirectement, qu'ils aient donné le
» moindre fonds à Samson, en signe de reconnaissance. Ce pré-
» lat trouve un endroit propre à bâtir un monastère, et presque
» sur le champ l'ouvrage est commencé. Qu'est-ce qui a fait la
» cession du terrain ? C'est sur quoi les actes de saint Samson
» gardent un profond silence........

Donc, après avoir raconté le voyage et la traversée de saint Samson, son entrevue avec *Privatus*, la guérison de l'épouse et de la fille de ce dernier, l'invitation faite par le *sieur* Privatus à saint Samson, le bénédictin poursuit ainsi son récit :

« .... Lui (saint Samson) et ses religieux furent reçus
» charitablement chez Privat et y passèrent cette première
» nuit à louer, bénir et remercier Dieu, et à le prier de
» leur faire connoître si c'étoit sa sainte volonté qu'ils
» fissent là leur établissement. Sur quoi l'on dit qu'un
» ange apparoissant en songe à Samson, l'avertit que le
» lendemain on trouveroit dans le fonds du desert un
» vieux puits comblé, et que c'étoit là qu'il devoit bâtir
» une église et fixer sa demeure ; que le lendemain tous
» ses disciples se dispersèrent par troupes dans tous les
» lieux voisins, pour chercher cet indice ; que Samson,
» accompagné de deux de ses religieux, trouva le puits ;
» et qu'aiant aussitôt fait appeler tous les autres, ils tra-
» vaillèrent au moment même à défricher le lieu avec tant
» de ferveur, qu'ils firent avant la nuit une cabane de bran-
» ches d'arbres pour y coucher, afin de n'importuner pas
» plus long-temps leur hôte et de s'éloigner au plutôt de
» tout commerce avec les personnes du siècle.

« Ce furent là les commencemens du premier monastère
» de Saint-Samson, deçà la mer, auquel il donna le nom
» de Dol, pour conserver éternellement, dit la légende de
» Baldric, la mémoire de la douleur de celui qui lui en
» donna l'emplacement, qui l'aida de ses moïens pour le
» construire et qui le dota de ses revenus. Mais on est bien
« plus disposé à croire que Baldric a inventé cette histoire

» à l'occasion du nom de Dol, (1) qu'à se persuader que
» le nom de Dol ait été donné au lieu en conséquence de
» l'histoire. Et en effet la signification du nom de Dol, qui
» en breton cambrien (2) marque une plaine basse et
» fertile, represente si bien la nature du pais, qu'on voit
» bien que c'est ce qui lui a donné le nom. Le nom de
» *Dole* (3) en ancien gaulois signifioit aussi une plaine.

(1) Effectivement, l'étymologie de Monseigneur Baldric paraît bien une fable, par lui inventée, et l'on doit regarder comme une ignorance grossière cette opinion du *Dictionnaire d'Ogée* (ancien et moderne) ; laquelle opinion indique comme le premier comte de Dol, ce pauvre diable (*Privatus*, un simple particulier), qui demeurait au bord de l'élément liquide et y cherchait sa chétive existence, lorsque Samson aborda. Du reste, il ne faut point s'étonner de hardiesses de cette force dans un ingénieur qui ne savait pas un mot de latin et voulait cependant faire part au public de ses études philologiques.

Dirons-nous, maintenant, avec Robert Cenalis, évêque d'Avranches au seizième siècle, que le mot Dol est dérivé du nom de ses anciens habitants les *Diablintes*, qui s'appelèrent ainsi, dit-il, parce que « *lintribus trajici ebant oras maritimas.* » Voilà une étymologie renversante et « *subjecte à une prise d'ellebore,* » comme dit l'impatient Vitréen, Bertrand d'Argentré.

Sur le mot Dol, on peut lire une longue et curieuse dissertation de l'abbé Deric, insérée dans une note de son *Histoire Ecclésiastique de Bretagne*, tome II, page 10, 1847.

Certainement nous sommes bien éloignés de prétendre que toutes les étymologies du bon chanoine dolois doivent être prises au sérieux. Mais ce n'était pas une raison de ridiculiser le labeur de l'écrivain, ainsi que l'a stupidement fait l'ignorant et insolent Ogée. (Voir *Dictionnaire de Bretagne*, ancien et moderne, *verbo* Dol.)

(2) *Dictionnaire* de Daviès.

(3) *Dictionnaire* de Borel, p. 138.

» D'ailleurs *les Actes de la Vie de Saint Magloire* ne disent
» rien de cette étymologie et supposent même que le can-
» ten avait nom *le pais de Dol*, avant que saint Samson y
» arrivât. (1) L'auteur de *la Vie de Saint Albée*, cité dans
» Usserius, dit encore que le lieu où Samson demeuroit
» avoit nem Dol, indépendamment de la douleur de Pri-
» vat. (2)

» Quoi qu'il en soit, Samson bâtit son monastère au lieu
» où est à présent la ville de Dol, dans une plaine un peu
» marécageuse et basse, à une lieue environ de la côte de
» la mer, et il se peut que Privatus lui en ait donné l'em-
» placement et les terres environnantes. On peut supposer
» que c'est vers l'an 548, que la ville de Dol a commencé
» par son Eglise....... »

Tel est le récit des deux principaux hagiographes bretons. Sauf quelques légères différences de peu d'importance, tous les deux sont unanimes dans leur narration.

En effet, tous les deux mentionnent l'existence de ce
puits qui se trouvait au lieu que Samson choisit pour l'emplacement de son monastère. Tous les deux encore recon-
naissent identiquement, que c'est le monastère de Saint-
Samson qui a donné naissance à la ville actuelle de Dol.

Au fait, cette dernière opinion a des caractères de vraisemblance qui la rendent extrêmement probable. Elle a,
pour elle, la tradition recueillie par les plus anciens historiens de Bretagne, Pierre Le Bault, Alain Bouchard et
Bertrand d'Argentré.

Il y a plus. Aujourd'hui encore, et à l'heure où nous

(1) *Marc transfretavit, properans finibus territorii Dolensis.* —
Acta S. Maglor. — Tome I. *Act. Benedict*, page 223, n° 2.

(2) *Antiq. Eccles. Brit.* p. 253.

écrivons, il existe au côté midi de la Cathédrale de Dol un puits qui a deux ouvertures, l'une en dedans, l'autre en dehors de l'Eglise. (1) Or, je ne vois rien qui empêche de croire que ce ne soit le même puits que saint Samson trouva, couvert de broussailles, lors de son arrivée dans nos contrées et qu'il aura fait nettoyer par ses religieux pour procurer de l'eau potable à sa communauté. (2)

Lors de la construction de la première Cathédrale, au neuvième siècle, (?) on renferma ce puits dans l'intérieur de l'Eglise, afin d'avoir plus à proximité l'eau nécessaire pour les immersions baptismales, et aussi pour l'usage des habitants, lorsqu'ils étaient obligés de se retrancher dans l'Eglise, pour échapper aux invasions normandes.

Enfin, au treizième siècle, lors de la reconstruction de la Cathédrale actuelle, on eut soin de construire le mur de clôture extérieure de la chapelle *du Puits,* (3) de manière à ce que l'on pût puiser de l'eau tant à l'intérieur qu'à l'extérieur. Cette disposition nouvelle avait pour résultat de permettre aux membres du chapitre de faire prendre, avec beaucoup de facilité, l'eau qui était nécessaire pour leur usage particulier ; avantage dont le reste de la ville fut dépourvu jusqu'au dix-septième siècle.

(1) Ce puits est partagé dans toute sa profondeur par le mur de clôture de l'Eglise. Seulement, à quelque distance de terre, le mur s'arrondit en forme de voûte, de sorte que l'eau de ces deux puits se communique.

Cette disposition des lieux remonte indubitablement à l'époque où fut rebâtie la Cathédrale actuelle, si même elle n'existait déjà antérieurement.

(2) Lobineau, *Vies des Saints de Bretagne,* p. 104.

(3) Dans les registres de l'ancienne paroisse du Crucifix, cette chapelle est appelée « *Sacellum Putei.* »

A ce premier fait, de l'existence du puits de la Cathédrale, vient se joindre un second détail, qui ne me paraît pas du tout indifférent et qui nous est fourni par une bulle du pape Boniface VIII, datée de la troisième année de son pontificat.

Dans cette bulle, inconnue jusqu'ici, et dont nous ferons un fréquent usage dans le cours de notre monographie, le pontife confirme les principales possessions du chapitre, desquelles il donne l'énumération. Or, dans cette curieuse énumération, nous trouvons, en première ligne : L'emplacement sur lequel est édifiée l'Eglise de Dol.... « *locum ipsum in quo prefata, Ecclesia Dolensis est sita....* » (1)

Ainsi donc l'emplacement de l'Eglise appartenait au chapitre de la Cathédrale, qui le possédait à titre d'héritier direct et légitime de la communauté de Saint-Samson.

Mais, ici se présente une question incidente. — A quelle époque remontait l'établissement du chapitre de Dol ?

Sans prétendre poser une date fixe, il y a lieu de penser que le chapitre de Dol avait commencé d'exister vers le commencement du neuvième siècle, et peu après le concile de Tours de l'an 813, puisque, à la fin de ce siècle, l'Eglise de Dol avait un défenseur de ses biens, conformément au cinquantième canon du concile de Mayence de l'an 813. (2)

Au commencement du siècle suivant, on voit Radhod, prévôt du chapitre de Dol, entretenir correspondance avec Aldestan, roi d'Angleterre, relativement aux reliques de saint Scubilion et de saint Paterne. (3)

(1) Livre Rouge du chapitre de Dol, aux archives du département.

(2) *Sirmundus, Concilia Galliæ*, t. 2, p. 391 et 392.

(3) Warthon. — *Anglia Sacra*, t. 2, p. 48.

2

Des diverses observations qui précèdent, nous pensons qu'il y a lieu de conclure :

1°. Qu'un siège épiscopal a pu exister d'abord à Carfanten, lequel aura été, ensuite, transféré au lieu où s'élevait le monastère fondé par saint Samson II.

2°. Que c'est bien le monastère fondé par saint Samson II qui a donné naissance à la ville actuelle de Dol.

3°. Que l'Eglise actuelle est construite au lieu où exista le monastère de saint Samson II.

Avant de terminer notre dissertation sur l'origine de l'Eglise de Dol, il conviendra de toucher un mot, ne fût-ce qu'en passant, d'une nouvelle opinion qui s'est produite dans ces dernières années, relativement à l'origine et à l'antiquité de cette Eglise. Quand j'ai dit : *nouvelle opinion*, je me suis mépris, car ce n'est qu'un réchauffé d'une très vieille hérésie historique, hérésie que l'on croyait disparue à tout jamais, et que, certes, l'on ne s'attendait guère à voir se ranimer au grand jour du dix-neuvième siècle.

Le promoteur de ce réchauffé s'appelle J. Geslin de Bourgogne : l'ouvrage où nous l'avons retrouvé porte pour titre : *Anciens Evêchés de Bretagne. — Diocèse de Saint-Brieuc.*

Nous ouvrons donc le prédit ouvrage susmentionné, et, à la page L de l'introduction, nous lisons :

« Lors de l'avénement de Nominoé, l'Armorique com-
» prenait quatre anciens siéges épiscopaux, établis dans
» les cités gallo-romaines : c'étaient Nantes, Rennes,
» Vannes et la Cornouaille................

» Tréguier, Saint-Brieuc et Dol étaient des *monastères*,
» dont les abbés, fort puissants, exerçaient *probablement*

» une autorité épiscopale sur leurs possessions étendues :
» Dol était *dans* l'évêché de Porhoët. »

Après avoir posé ces prémisses, notre personnage raconte les circonstances qui précédèrent et accompagnèrent
le conciliabule de Coëtlouh, dans lequel, dit-il, Nominoé
« créa les diocèses de Saint-Brieuc, de Tréguier et de
» Dol....... »

« Nous n'ignorons pas, » dit ensuite sournoisement
notre Briochin, « que le récit précédent est encore con-
» testé par quelques personnes ; mais, après une étude
» approfondie, nous n'avons pu hésiter à nous ranger à
» l'avis des historiens les plus nombreux, de ceux dont
» l'autorité est la plus imposante, à l'opinion des Béné-
» dictins et des Bollandistes, entres autres. »

Il ne serait pas sans intérêt de savoir quels sont les
Bénédictins sur l'autorité imposante desquels M. le Briochin a la prétention d'appuyer son opinion.

Ce n'est pas Dom Alexis Lobineau, l'auteur des *Vies
des Saints de Bretagne*, car nous avons textuellement
reproduit ci-dessus son opinion, quant à l'origine de la
ville et de l'Eglise de Dol, et il ne s'y trouve rien de semblable.

Ce ne sont pas, non plus, les Bénédictins, auteurs de la
grande *Histoire de Bretagne*. En effet, voici en quels
termes Dom Taillandier, continuateur de Dom Morice,
établit l'origine du diocèse de Dol :

« .... Que saint Samson, évêque ou archevêque,
» ait établi son siége à Dol dès le VIᵉ siècle, et ait eu pour
» successeurs saint Magloire, saint Budoc et saint Thuriave,
» c'est une vérité constante par les actes de ces saints
» évêques. Le clergé de Dol, fondé sur la lettre du Pape

» Alexandre III, soutenait que *Restovaldus* et *Junemenus*
» avaient été reconnus pour archevêques dès le VIIIe siècle
» et revêtus du pallium par les papes Sirice et Adrien.
» Dans le long différend qu'ont eu entre eux les arche-
» vêques de Tours et de Dol, touchant le droit de métro-
» politain, jamais les premiers n'ont allégué, pour la
» défense de leur droit, que le siége de Dol avait été érigé
» par Nominoé, quoique cette affaire ait été agitée avec
» beaucoup de chaleur de la part des Français en présence
» de plusieurs papes et dans les conciles de Troyes et de
» Soissons. Une érection si récente suffisait pour terminer
» le différend en faveur de l'archevêque de Tours.......
» L'Eglise de Dol prouvait sa longue possession par les
» actes de ses saints évêques, par la lettre d'Alexandre III
» et par la conduite du pape Nicolas Ier, qui donna le
» pallium à Festinien............, et jamais celle de Tours
» n'a avancé que l'Eglise de Dol ne fut pas un ancien
» siége épiscopal. . . . .
, ...

  » Ces considérations ne nous permettent pas de rap-
» porter l'érection du siége de Dol à Nominoé ; c'est un
» honneur qui n'est dû qu'au roi Childebert, *qui fonda et*
» *dota cette Eglise en faveur de saint Samson,* si l'on en
» croit le pape Alexandre III. . . . , ... » (1)
  De la citation précédente, il résulte que M. J. Geslin de
Bourgogne est atteint et convaincu du fait d'avoir men-
songèrement attribué aux Bénédictins bretons la responsabilité d'une bévue qu'ils n'ont jamais commise, même
contre laquelle ils ont vaillamment combattu. Ce fait du
susdit M. Geslin peut n'être pas considéré comme le ré-

(1) *Histoire de Bretagne,* t. II, p. LI du catalogue des évêques.

sultat d'un calcul intéressé , mais au moins il accuse une légèreté impardonnable de la part d'un homme qui vante hautement sa maturité d'action.

III.

RECONSTRUCTION DE LA CATHÉDRALE. ÉTABLISSEMENT DE LA DATE DES PRINCIPALES PARTIES.

Après avoir assassiné son neveu Arthur de Bretagne, Jean-sans-Terre entra en Bretagne au commencement de l'année 1203. Ayant pris la ville de Dol, il y fit d'étranges ravages. Le feu, soit qu'il y fût mis par ses ordres ou autrement, consuma le toit de la Cathédrale ; les murs en furent démolis et les saintes reliques enlevées de force. Les Routiers (*ruptuarii*) qui étaient à la suite de Jean-Sans-Terre, imitant la férocité des Normands, leurs aïeux, s'emparèrent de diverses reliques de saint Samson et de saint Magloire, et du *pallium* du premier. Les ravisseurs portèrent le tout à Rouen. Philippe des Colombiers (*de Columbiis*), informé de cet enlèvement, leur arracha ce sacré trésor , mais il ne fut restitué au chapitre de Dol qu'en 1223.

Ces curieux détails, si intéressants dans leur brièveté, nous sont fournis par une lettre de Thibaud de Falaise, (1)

(1) Nous disons Thibaud *de Falaise*, et non pas d'Amiens, ainsi que l'a fait M. Brune, et après lui M. du Vautenet, parce que Thibaud était réellement de Falaise, comme il conste, par la citation suivante, extraite du *Gallia Christiana Nova*, t. XI, col. 60.

archevêque de Rouen, ladite lettre adressée au chapitre de Dol.

Dans cette lettre, datée de janvier 1222 (vieux style), l'archevêque annonce aux chanoines qu'il leur renvoie les reliques enlevées au temps des guerres entre Jean-Sans-Terre et les Bretons, lors de l'incendie et du pillage de leur Eglise, « *in subversione et combustione Dolensis Ecclesia.* » — « Ce qui suppose, dit M. Brune, que l'an-
» cienne Cathédrale fut complètement détruite à cette
» époque, et que dès les premières années du XIIIᵉ siècle,
» on s'occupa de la reconstruire, puisque l'évêque et son
» chapitre demandent les reliques qu'ils désirent *appa-*
» *remment* y replacer, et que l'évêque sous l'épiscopat
» duquel cette restitution s'opérait fut inhumé dans sa
» Cathédrale, suivant Albert-le-Grand, qui place sa
» mort en 1224. » (1)

L'argumentation de M. l'abbé est admissible, mais avec quelques restrictions. En effet, malgré ce qu'il dit de la complète démolition de l'ancienne Cathédrale, il me paraît évident qu'il dut échapper quelques parties de l'ancien édifice.

Sur ce point, nous ne pouvons mieux faire que de reproduire littéralement quelques passages de la notice de feu M. du Vautenet. Quand un sujet a été convenable-

— « 1222. *Theobaldus d'*AMIENS ; *dicitur à Sammarthanis Theo-*
» *baldus patriâ fuisse et cognomine, Ambianensis, sed malè* ; *natus*
» *enim erat Falesiæ* ; *undè vocatur de Falesio in necrologio Lexo-*
» *viensi. Ambianensis tamen, propter diuturnam Ambiani moram*
» *appellatus est........* »

(1) Jean de Lezenech mourut en 1231, suivant la lettre écrite par le chapitre de Dol à l'archevêque de Tours, le mardi après la fête de sainte Luce.

ment exposé, il est juste d'en laisser l'honneur et la gloire
à qui ils appartiennent.

« De la Cathédrale de Dol, incendiée et détruite dans
les dernières années du XIIe siècle, pendant la minorité
d'Arthur et les guerres dévastatrices des Anglais dans
cette partie de la Bretagne, il ne paraît avoir été conservé
que le mur de clôture de l'ouest, dans lequel se trouve
percée la grande porte à voûte plate ou architravée qui
contraste avec le style des reconstructions, dans lequel il
est difficile de supposer qu'un porche n'ait pas été pro-
jeté, dont l'exécution aura pu alors être d'autant plus facilement différée que la clôture ancienne, avec sa porte,
avait probablement échappé au désastre. (1)

» L'époque de cette construction conservée, visible-
ment romane, ne peut être assignée avec précision, et
nous n'avons pas cru nécessaire de nous arrêter à des recherches sans intérêt au point de vue où nous nous étions
placés. M. Brune, déjà cité, semble croire que les piliers
de la nef auraient bien pu aussi avoir été conservés avec
addition des colonnettes cantonnées dans le plan actuel,
et cette opinion nous a paru mériter discussion. Si, en
effet, le mur de clôture ouest et la grande baie d'ouverture ont été conservés, il en résulte que le plan de la Cathédrale romane devait présenter, quant à la nef du

(1) Ce mur de clôture de l'ouest forme le point de jonction entre les deux tours qui existent encore.

Au milieu du dix-septième siècle, époque à laquelle la boiserie
de l'orgue fut placée, on a pratiqué dans ce mur de l'ouest les
constructions nécessaires à son établissement, et réédifié en la
bouchant la grande ouverture fenestrale de l'ouest, dans laquelle furent pratiquées trois petites baies à plein cintre, sur-
montées d'une lunette elliptique du plus mauvais goût.

moins, la disposition actuelle, et que les piliers elliptiques restés intacts après l'incendie ont dû subir l'augmentation de volume, au moyen des colonnettes cantonnées et isolées qui semblent en effet y avoir été juxtaposées plutôt qu'appareillées, comme elles eussent dû l'être dans une construction régulière. Alors encore s'expliquerait cette singulière anomalie observée dans le bas-côté, où la colonnette isolée reste sans objet et sans amortissement. Si le plan de la basilique primitive n'a pas, en effet, subi de changements dans la division des espaces, la nécessité statique a dû exiger l'augmentation de puissance des piliers à raison de leur destination nouvelle, l'arceau ogival à trois diamètres du vide de hauteur. La colonnette isolée, symétrique à la face intérieure des collatéraux, s'est trouvée alors en dehors de la division de l'espace où la retombée de l'arceau reportée sur le pilier la laissait sans amortissement. Il paraît bien, à cette inadvertance de construction, que le plan de la basilique n'avait point été étudié, pour la transformation qu'on allait lui faire subir, avec la précision des méthodes graphiques, peut-être inconnues au maître de l'œuvre, bien qu'elles aient été pratiquées dans le même siècle..........

» Aux imitations nombreuses du style romano-byzantin que la nef présente plus particulièrement, et surtout à la simplicité de l'ordonnance et des lignes, on peut supposer que cette partie de l'édifice a été la première reconstruite à une époque très-rapprochée de la destruction, probablement dans la dernière année du XIIe siècle et les premières du XIIIe. La transition n'y est, pour ainsi dire, que la transformation de l'arc à plein cintre dans l'arc ogival, avec un rayon si peu différent du demi-diamètre,

que le caractère ogival y est quelquefois très-peu prononcé. Ce style de transition très-caractérisé distingue du
reste la nef du chœur, de la façon la plus heureuse. Cette
dernière partie, plus riche de détails, n'a plus la simplicité des lignes romanes ; la forme ogivale, avec ses combinaisons variées, y étale toutes ses ressources ; l'imitation végétale se substitue, sur les tambours des chapiteaux, à la crossette romane de ceux de la nef ; les ouvertures fenestrales se subdivisent en meneaux, en trèfles, en
rosaces que celles de la nef ne présentent pas. Enfin il y
a, entre la nef et le chœur, une opposition des effets de la
forme, véritable inspiration qu'aucun autre monument du
style ogival ne présente peut-être aussi nettement constatée........ »

« Le plan primitif de la basilique romane pourrait bien
» n'avoir subi à la reconstruction que des additions peu
» nombreuses d'abord et plus étendues ensuite, comme
» nous aurons l'occasion de le remarquer dans son appro
» priation aux nouvelles ordonnées. Une nef avec ses col
» latéraux, deux transepts, et un chœur un peu moins
» long que la nef, dont les collatéraux ont été élargis des
» chapelles en addition probable au plan de la basilique
» romane, se terminant par une abside carrée dont la dis
» position fut usitée dans les églises du style ogival,
» viennent à l'appui de nos conjectures *sur la similitude*
» *du plan de reconstruction avec celui antérieur*. Cette
» disposition du chevet, avec ses deux arcades supportées
» par un léger pilier et déchargées par une grande arcade
» à plein cintre qui supporte le grand vitrail et le pignon,
» porte encore un caractère de transition remarquable. Il
» nous paraît évident que cette disposition a pu faire naî-

» tre la pensée de l'addition d'une chapelle absidale, con-
» jecture que paraît confirmer l'agencement embarrassé
» et hors de l'axe de la chapelle de Saint-Samson, ajoutée
» dans le but de prolonger l'espace et la perspective à
» travers ces deux arcades, dont l'effet eût été perdu si la
» muraille de clôture collatérale eût été fermée comme
» l'indique le plan primitif.

» Le raccordement des piliers angulaires et des arceaux
» de la chapelle avec ceux des bas-côtés démontre à tous
» les yeux la difficulté mal étudiée et l'embarras des cons-
» tructeurs dans cette addition imprévue. Nous avons
» trouvé cette opinion établie, et, dans le fait, nous n'hé-
» sitons pas à croire que la construction de cette chapelle
» a dû suivre immédiatement. L'ornementation des cha-
» pitaux de colonnettes, restée à l'état fruste ou seule-
» ment galbée, nous paraît venir à l'appui de cette con-
» jecture ; le temps ou les moyens d'exécution auront
» manqué à ce dernier complément des travaux, évidem-
» ment. » (1)

Des observations ci-dessus de M. du Vautenet, et notamment du troisième alinéa, il est facile d'induire que ce
savant archéologue regardait la construction de la nef
comme antérieure, au moins d'un quart de siècle, à la
construction du chœur de notre ancienne Cathédrale.

Cette nef au style roman et raccordée avec les débris des
anciennes constructions, était assez avancée en 1222
pour être livrée au culte divin. Voilà pourquoi, sans
doute, l'évêque Jéan de *Lezenech* et son chapitre s'adres-

(1) *Congrès scientifique de France*, t. II, p. 285-287, — Rennes,
1850, in-8º. — *Mémoire de M. Alfred du Vautenet.*

sent à l'archevêque de Rouen pour lui redemander les reliques des saints patrons de leur Eglise.

La construction du chœur se place d'elle-même de 1231 à 1265. — Entrons dans les détails.

Dans la lettre écrite à l'archevêque de Tours pour lui notifier la mort de Jean de Lezenech et le choix de l'archidiacre Clément de Coëtquen, on lit que les chanoines se réunirent au lieu convenu, « *nos præsentibus omnibus* » *qui debebant et poterant interesse* LOCO DEBITO *conve-* » *nientes in unum...* » (1)

Comme il se voit, aucune partie de l'Eglise n'est nominativement désignée.

Les actes de l'élection de l'évêque Etienne ne nous étant pas venus, on ignore les détails et le lieu de cette cérémonie.

Dans la lettre écrite à l'archevêque de Tours, pour lui annoncer l'élection du chanoine Jean Mahé, laquelle avait eu lieu le lundi de la fête après la Circoncision 1265, on lit : « *Vocatis omnibus evocandis et præsentibus omnibus* » *qui voluerunt, debuerunt et potuerunt commode inte-* » *resse et* IN IPSA ECCLESIA *congregatis...* » (2)

Ici le texte est clair : pas d'ambiguïté possible. L'élection eut lieu dans l'Eglise même, *in ipsâ Ecclesiâ*. Et le terme *ipsâ* porterait à penser que l'on a eu intention de faire comprendre que c'était la première fois qu'une élection épiscopale avait lieu dans la nouvelle Eglise, dont le chœur venait d'être terminé. Nous disons : *dont le chœur venait d'être terminé.* Or, ceci mérite bien une explication

(1) Dom Morice, *Preuves de l'Histoire de Bretagne*, t. 1er, p. 877.

(2) Ibidem, p. 999.

convenable, et pour cela nous reprendrons les choses d'aussi haut que possible.

Dans la notice si brève qu'il a accordée à Clément de Coëtquen, le bénédictin Dom Taillandier a cependant noté un fait qui, jusqu'à ce jour, a été peu remarqué, mais duquel il me semble que l'on peut extraire quelques inductions qui rentrent parfaitement en notre sujet.

« Il (Clément de Coëtquen) tenoit encore le siège de » Dol en 1241, mais il ne tarda pas à se retirer dans » l'abbaye de Saint-Pierre de Chartres, où il finit ses » jours...... » (1)

Voilà le fait dont nous parlions tout-à-l'heure, et maintenant voici le commentaire dont nous allons l'accompagner.

Une lettre d'Haymon, abbé de Saint-Pierre-sur-Dive, diocèse de Rouen, nous apprend que le pieux usage de se réunir pour travailler à la construction des églises avait pris naissance à Chartres, à l'occasion des travaux exécutés à la cathédrale de cette ville ; que peu après de pareilles réunions eurent lieu à Saint-Pierre-sur-Dive pour aider à la construction de l'église de cette abbaye, et qu'ensuite de semblables *confréries* se formèrent dans toute la Normandie, et notamment dans les lieux où l'on élevait des temples sous l'invocation de la Sainte Vierge. (2)

(1) *Hist. de Bretagne*, t. II. *Catalogue*, p. LX.

(2) Voir notre *Dictionnaire des Confréries et Corporations d'Arts et Métiers*, — Mont-Rouge, — Migne, 1854, — in-4°, colonnes 191 à 197, article *Constructeurs de Cathédrales*. — Voici le fragment analysé plus haut.

«..... *Hujus sacræ Institutionis, ritus apud, Carnotensem ecclesiam est inchoatus, ac deindè in nostrá virtutibus innumeris*

Il ne faut pas oublier que l'Eglise de Dol possédait des fonds de terre en Normandie, et particulièrement à Saint-Samson-sur-Rille, paroisse dépendante du diocèse de Dol, mais enclavée dans l'archevêché de Rouen.

On comprend dès lors que Clément de Coëtquen, en visitant cette partie de son diocèse, dut avoir facilement connaissance de ces grandes associations d'ouvriers bénévoles, et qu'il aura pu aller jusqu'à Chartres, pour inviter une certaine quantité d'ouvriers à venir à Dol continuer la construction de la Cathédrale, interrompue depuis la mort de Jean de Lezenech. Pendant son séjour à Chartres, Clément fut sans nul doute bien accueilli dans l'abbaye de Saint-Pierre-de-Chartres, où l'on conservait religieusement les reliques de saint Gilduin, son prédécesseur. (1) Revenu à Dol, Clément aura fait reprendre les travaux interrompus; puis, après s'être fait donner un successeur zélé et capable de conduire les travaux à bonne fin, il se sera retiré à l'abbaye de Saint-Pierre-de-Chartres pour s'y reposer des fatigues d'un épiscopat que l'âge, peut-être, mais surtout les vexations de Pierre Mauclerc avaient rendu trop pesant pour lui.

Chacun de mes lecteurs pourra réduire d'autant qu'il voudra les inductions que j'ai extraites de la citation de Dom Taillandier; mais encore restera-t-il toujours acquis que cette circonstance de la retraite de Clément de Coëtquen à Chartres implique nécessairement des relations anciennes de sa part avec la communauté de Saint-

confirmatus; postremò per totam ferè Nermanniam longè latequè convaluit; ac loca per singula, Matri misericordia, dicata præcipuè occupavit. »

(1) Albert Le Grand, *Vies des Saints*, page 30-31.

Pierre et, par contre-coup, avec les confréries d'ouvriers de cette ville et le clergé du diocèse.

Au par sur, et bien qu'éloigné de son église par la distance des lieux, Clément ne l'oublia point dans l'acte de ses dernières volontés. En effet, dans le nécrologue qui est écrit au commencement du *Livre Rouge* du vénérable chapitre de Dol, on lit le *memento* suivant : « — VII. Id. — Sept. *Obiit felicis memoriæ Clemens de* » *Vitreyo, Dolensis Episcopi III, qui dedit Canonicis* » *et.. Clericis Dolensis Ecclesiæ, LX sol. supe domos* » *thesaurarii.* »

Installé évêque de Dol, au lieu et place de Mgr Clément de Coëtquen, Etienne imprima aux travaux de reconstruction de la Cathédrale une vigueur extraordinaire et qui ne se démentit pas d'un jour durant tout son épiscopat.

Je puise la preuve de mon affirmation dans la lettre écrite par le prélat à l'archevêque de Tours en juin 1264, c'est-à-dire dans la vingt-deuxième année de son épiscopat. Le métropolitain de Tours avait invité l'évêque de Dol à assister au sacre de l'un de ses comprovinciaux qui devait avoir lieu ; mais, à la date du 24 juin, l'évêque de Dol s'excuse de ne pouvoir se rendre à cette cérémonie. Et sur quoi s'excuse-t-il ? — Un peu sur la faiblesse de sa santé, « *proprii corporis infirmitate detenti ;* » mais surtout et principalement sur les nombreuses et incessantes affaires de son Eglise, « *Et maximè pluribus negotiis* » *Ecclesiæ nostræ inevitabilibus impediti.* » (1) Or, je le demande, quelle affaire pouvait intéresser plus vivement l'évêque de Dol que le soin de la reconstruction de son

(1) Dom Morice, *Preuves* I, p. 993.

Eglise, dont le chœur était sur le point d'être fini et fut livré au culte dans le cours de l'année suivante (1265.)

Pour étayer ce que je viens d'avancer, je me fonde sur ce curieux règlement, dont une partie seulement a été publiée par Dom Morice, dans la collection de ses *Preuves* (t. 1, p. 994), mais dont une copie complète existe manuscrite entre nos mains.

Depuis que la Cathédrale de Dol avait été brûlée par les bandes de Jean-Sans-Terre, et pendant tout le temps des reconstructions, la majesté et la décence convenables aux cérémonies religieuses avaient nécessairement eu à souffrir de ces deux circonstances ; même quelques abus s'étaient glissés, car il n'avait pas été possible, eu égard à l'état des choses, de tenir sévèrement la main à l'exécution des règlements et statuts intérieurs.

Aussi, à peine le nouveau chœur de la Cathédrale eut-il été affecté au service divin, que l'évêque Etienne s'empressa de rendre aux solennités de l'Eglise de Dol toute leur primitive splendeur, en prescrivant l'exécution des anciens règlements, auxquels il en ajouta de nouveaux.

A cet effet, le 31 juillet 1265, surlendemain de la fête patronale de saint Samson, jour auquel le nouveau chœur avait été solennellement inauguré, Etienne tint son chapitre général, dans lequel, de concert avec ses vénérables frères les chanoines de l'Eglise de Dol, il arrêta les divers articles du règlement dont nous avons parlé ci-dessus et dont le préambule vient d'être analysé. (1)

(1) *Universis*, etc. *Stephanus miseratione divinâ Dolensis Ecclesiæ minister humilis et ejusdem loci commune Capitulum salutem in Domino.*

Cultum Divini Nominis in Ecclesiam nostram cupientes augeri et

L'article 1er du règlement d'Etienne est relatif à l'institution de quatre enfants de chœur qui devaient assister
notamment aux matines, à la grand'messe et aux vêpres,
et dont les honoraires sont aussi réglés dans cet article.

Le second établit la différence de costume à introduire
entre les chanoines et les chapelains, durant leur présence
dans le chœur. Ce même second article renouvelle d'anciens statuts déclaratifs du recueillement et du silence à
conserver pendant la durée des divins offices. Voici, du
reste, le texte complet de ce second article :

« *Item — ut inter Canonicos et Capellanos, seu Clericos*
» CHORI *in ipso* CHORO *aliqua distinctio in habitu cognos-*
» *catur, statuimus : ut nullus, nisi canonicus utatur*
« *publicè pileo de pinillis in Ecclesiâ Dolensi ; et si quis*
» *centrá hoc venire præsumpserit, eo præsente in* CHORO
» *cum pileo de pinillis, cessetur penitùs à Divinis. Inno-*
» *vamus etiam antiquum statutum : ut nullus Canonicus,*
» *sive Clericus* CHORI, *et nocte vel die, intret* CHORUM *sine*
» *caligis et tibialibus. Et ne divinum turbetur offi-*
» *cium, Canonici et Clerici, quandùs Missa vel Hore*
» *celebrantur, abstineant* IN CHORO *á confabulationibus*
» *que ad divinum officium non pertinent : Et si simul,*
» *loqui voluerint,* CHORUM *exeant, sicut in antiquis con-*
» *suetudinibus, super hoc editis et juratis continetur.* »

Lorsqu'il publiait ces statuts, Etienne avait déjà un pied

---

honestatem CHORI *et claustri nostri ad laudem et honorem omnipo-*
tentis Dei, ipso annuente et in melius reformari, in Capitulo nostro
generali celebrato in Vigiliá B. Petri ad Vincula (31 juillet), *et*
aliis diebus ad hoc continuatis ; proindè de consensu omnium cano-
nicerum tunc ibidem presentium duximus statuenetum : — ut qua-
tuer pueri.... (Dom Morice, 1, 994 95.)

sur le bord de la tombe, et peut-être la défaillance de sa santé lui faisait-elle présager la fin prochaine de ses jours. Toujours est-il qu'il décéda le 16 novembre 1265, et fut inhumé dans le sanctuaire de son Eglise, devant le grand autel, en présence du Saint des Saints. (1)

Ce ne fut que le lundi après la fête de la Circoncision 1265 (1266), qu'eut lieu l'élection de son successeur Jean Mahé, élection à propos de laquelle nous avons donné tous les détails qui précèdent. Jean Mahé étant mort le 16 novembre 1279, ses restes mortels furent inhumés avec les honneurs de la sépulture de l'Eglise. « ..... *Ipsius que Corpore, Ecclesiasticæ tradito Sepulturæ.* » Ainsi parlent les chanoines de Dol dans leur lettre à l'archevêque de Tours, pour demander l'autorisation d'élire un nouvel évêque ; mais ce document se tait quant au lieu de la sépulture.

Heureusement le silence de la lettre capitulaire peut être suppléé par des documents postérieurs. En effet, dans les notes recueillies par les laborieux enfants de saint Benoît, à la fin du dix-septième siècle, on lit le passage suivant :

«.... Proche les marches du presbytère, est un vieux » tombeau d'evesque ; savoir une figure à plate terre, de » pierre, qu'on dit estre d'un evesque MAHÉ.....

» Sur la table est sa figure en chape et mître portant » grande barbe. »

Ce témoignage de *visu*, rendu par les Bénédictins de la congrégation de Saint-Maur, me paraît d'un poids bien imposant. L'existence du tombeau que la tradition affirmait être celui de Jean Mahé, et l'emplacement où il fut

(1) Voir ci-dessous, § VII, article *Chœur*, citations des Bénédict.

encore vu par les religieux de Saint-Maur, à la fin du dix-septième siècle, doivent être considérés comme une preuve incontestable que le chœur de la Cathédrale de Dol était terminé à l'époque du décès de Jean Mahé.

Je dis à l'époque du décès de Jean Mahé ; car nul ne saurait prouver que ce prélat n'ait pas été inhumé au moment même de son décès, dans le lieu où se trouvait son tombeau, encore à la fin du dix-septième siècle, et d'ailleurs, d'après la description laissée par les Bénédictins, la pierre tumulaire vue par eux portait tous les caractères des tombeaux du treizième siècle.

Il faut même bien reconnaître que le chœur de la Cathédrale devait être terminé longtemps avant le décès de Jean Mahé, puisque, lors de son inhumation, le presbytère ou sanctuaire était déjà disposé avec ses marches pour y parvenir ; de sorte que nous sommes autorisés à fixer cette construction à l'année 1265, ainsi que nous l'avons amplement exposé ci-dessus.

Il est un adage fréquemment répété, et que nous-mêmes sommes en droit de répéter ici : *Quod abundat non viciat*, dit-on, ce qui peut se traduire par : abondance de preuves ne nuit pas.

Ce nous est donc une raison de ne pas nous lasser d'accumuler ici les preuves qui peuvent venir en aide à l'opinion que nous avons avancée, non sans mûre réflexion, savoir : que le chœur de la Cathédrale de Dol était terminé en 1265.

Jean Mahé étant mort, et sa dépouille mortelle ayant reçu les honneurs de la sépulture de l'Eglise, comme il a été dit ci-dessus, les chanoines, dans le but de procéder à l'élection de son successeur, se réunirent dans le chœur de l'Eglise, le mardi avant la fête de sainte Marguerite, 1280. « *Nos in choro nostræ Ecclesiæ congregati.* » (1)

Le chœur était donc terminé et en état de recevoir le chapitre, puisque cette puissante compagnie s'y réunissait en 1280 pour vaquer à l'élection d'un évêque. Et quand je parle du chœur, je dois m'expliquer clairement et dire que je veux indiquer celui que nous admirons aujourd'hui, car je regarde comme essentiellement inadmissible l'interprétation suivant laquelle les mots « *in choro* » désigneraient une partie de la nef qui aurait servi de chœur provisoirement.

Il est évident, toutefois, que personne n'est tenu de me croire sur parole. Aussi, avant d'aller plus loin, vais-je produire les preuves et raisons sur lesquels je m'étaye pour contester l'interprétation sus-mentionnée.

Dans l'acte public dressé lors de l'élection de Henri Du Bois, on lit que, le trente mai 1340, après les cérémonies préliminaires, les chanoines et les témoins à ce requis restèrent seuls dans le chœur de l'Eglise, lieu où, d'après l'ancien usage, les élections avaient coutume d'être célébrées : «.... *Nobis una cum tabellionibus, et testibus in-* » *frascriptis, solis in nostro choro Dolensi remanentibus,* » *ubi de consuetudine antiquâ, solitum est electiones* » *nostræ Dolensis Ecclesiæ celebrari....* » (2)

Si cet usage était déjà ancien, il remontait donc au moins à soixante et quelques années, ce qui se rapporte assez exactement à l'année 1265, année que nous avons fixé plus haut comme étant celle où le chœur de notre Cathédrale avait été affecté au culte divin.

(1) Dom Morice, *Preuves*, t. 1, p. 1094.
(2) Ibidem, 1403.

Mais poursuivons. Dans ce même acte, on lit à la suite de ce qui précède, qu'aussitôt après l'élection, le grand chantre de la Cathédrale, vénérable et discret Matthieu Leopardi, monta sur le jubé « *in pulpito*, » pour l'annoncer au bas clergé et au peuple qui encombraient la nef et le transept.

« *Et confestim prædictam electionem nostram, mo-*
» *dum et formam ipsius in pulpito dictæ Ecclesiæ ubi*
» *solet Evangelium legi diebus solemnibus et festivis, per*
» *venerabilem et discretum virum Ecclesiæ nostræ, Can-*
» *torem solemniter publicavimus et publicari fecimus,*
» *prout decet, ibidem existente Cleri et populi multitu-*
» *dine copiosâ.* » (1)

Le texte que nous venons de reproduire ci-dessus prouve incontestablement que le jubé (2) qui séparait le chœur de la nef existait déjà depuis fort longtemps en 1340, puisque c'était du haut de cette élévation que l'on avait coutume de lire le saint évangile les jours des grandes solennités. D'où je conclus assez logiquement, ce semble, que le chœur de la Cathédrale était terminé depuis bien longtemps, puisque le jubé, addition nécessairement accessoire et détail d'ornementation, l'était lui-même depuis longtemps.

Tout se réunit donc pour attester l'extrême probabilité, je dis plus, la presque certitude de l'époque que nous avons assignée.

Maintenant, si l'on demande au moyen de quelles ressources extraordinaires put être construit le magnifique édifice que nous admirons encore aujourd'hui, je répon-

(1) Dom Morice, *Preuves*, t. 1, p. 1403.

(2) Voir ci-dessus, art. *Chœur*, note 1.

drai qu'au premier rang il faut placer les libérales générosités des fidèles, auxquelles venaient se joindre les revenus immenses des évêques de Dol.

Quant au chapitre de Saint-Samson, il ne put contribuer pour une large part aux frais de la construction, car ses revenus étaient fort modiques, même au commencement du siècle suivant.

Au par sur , si, comme on le peut croire, les fidèles du diocèse de Dol firent preuve de générosité, il faut convenir que cette générosité fut vertement stimulée par les évêques qui se succédèrent pendant la construction. Par les citations que nous donnerons tout-à-l'heure, on pourra juger que déjà, à cette époque si reculée de nous, les évêques comprenaient tout le parti qu'on pouvait tirer des quêtes organisées, soit dans les églises, soit à domicile ; que, d'ailleurs, ils ne regardaient pas toujours à la légalité des voies employées. Du reste, dans la présente circonstance, plus d'un lecteur pensera que la fin justifiait les moyens, et je l'avoue, sans détours, c'est ici parfaitement mon avis.

Voici donc les instructions adressées aux recteurs des paroisses par les évêques du diocèse de Dol, au treizième siècle.

Nous les empruntons à la collection de statuts publiés en 1507 par l'évêque Mathurin de Plederan. (1)

_____

(1) *Le Recueil de Statuts* publiés par Mathurin de Plederan, en 1507, fut imprimé à Nantes, chez Guillaume Tourquetil, imprimeur, rue des Carmes, à l'enseigne de Saint-Jean.

Dans un opuscule précédent, intitulé *Dol et ses Alentours, histoire politique et municipale*, nous avons avancé, à la page 8, que les plus anciens statuts de cette collection étaient l'œuvre de Henri Du Bosc ; c'est une erreur, car ils furent publiés par des

« *Monemus omnes Ecclesiarum Rectores....*

» *§ IX. — Item. — Ut in* CONFESSIONIBUS INDUCANT, *et*
» *exhortentur subditos, ut semel in anno peregre visitent*
» *Ecclesiam Dolensem et in infirmitate et testamento-*
» *rum confectione ipsos inducant et exhortentur ut dicte*
» *Ecclesie competens legatum relinquant...*

» *§ XXVI. — Item. — Canonicè in hiis scriptis mone-*
» *mus omnes Rectores et Capellanos curam animarum*
» *habentes ut ipsi in Ecclesiis suis questas pro Ecclesiâ*
» *Dolensi jaciant diligenter et parochianos inducant et*
» *moneant* IN CONFESSIONIBUS SUIS, *ut de suis bonis Fa-*
» *bricæ Ecclesiè Dolensis* (1) *largiantur, nec alios ques-*
» *tores recipiant, in Ecclesiis suis sine nostrâ Licentiâ*
» *speciali......* »

évêques antérieurs à Guillaume Meschin, qui les revit et les con-
firma de 1325 à 1328. Lui-même en publia quelques-uns qui
viennent à la suite des premiers. (Voir notre *Histoire de l'Impri-*
merie en Bretagne, in-8°, 1857, page 25.)

(1) Encore à la fin du treizième siècle, il existait à la Cathédrale un tronc spécial où l'on déposait les oblations faites pour
aider à la continuation des travaux. C'est ce qui résulte d'une
bulle de Boniface VIII, qui mentionne les oblations : « *Que ad*
» *edificationem Ecclesia nominatim relinquitur.* » — (Livre Rouge
du chapitre de Dol.)

IV.

TOURS.

Deux tours s'élèvent de chaque côté du portail occidental. « L'une, au Nord, s'arrête bientôt inachevée et sans
» espoir de monter jamais plus haut, dit M. l'abbé Brune.
» Elle est à pans coupés, et chacune de ses faces est or-
» née de moulures dans le style du gothique fleuri, et
» d'ouvertures carrées ou en accolades, qui annoncent
» les premières années du XVIᵉ siècle, époque où elle a
» réellement été construite... »

L'époque indiquée par M. Brune est exacte et conforme
aux documents historiques que nous produirons tout-à-
l'heure, mais que M. Brune ne connaissait pas, puisqu'il
n'en fait pas mention. Il est d'ailleurs à remarquer que
M. l'abbé n'est point tombé dans l'erreur commise par
M. le sénateur Prosper Mérimée, inspecteur général des
monuments historiques, lequel écrivait en 1835, à la page
116 de ses *Notes d'un Voyage dans l'Ouest :*

» .... Le premier étage de la tour du sud paraît appar-
» tenir au treizième siècle ; au quinzième, je crois, on l'a
» continuée ; *enfin, au seizième, on l'a surmontée d'une
» lanterne dans le goût de la Renaissance.* Le reste du
» portail semble *avoir été ébauché au quinzième siécle,*
» du moins c'est à cette époque que l'on peut rapporter
» des ornements fort médiocres sculptés sur le massif qui
» devait porter la tour du Nord. »

M. l'inspecteur général sera assez indulgent pour excuser sans doute la hardiesse que je prends de le rectifier,

mais, en présence des pièces historiques qui vont suivre, il est tout-à-fait impossible de partager son opinion.

Voici d'abord un bref d'indulgences accordées par le pape Léon X :

« Le grand pardon de pleniere remission et aultres
» plusieurs plenieres remissions donnees de nostre sainct
» Pere le Pape Leon dixiesme a la devocieuse Eglise
» Cathedralle de Monsieur Sainct Samson de Dol non obs-
» tant quelques suspenses et derogations de semblables
» indulgences *etiam* en faveur de la *Cruciade* et de la fa-
» brique de Monsieur Sainct Pierre de Romme.

» Nostre Sainct Père considerant la vetuste et caducite
» de la dicte Eglise et mesme la ruygne de l'une des mai-
» tresses tours avenue depuis trois ans les corps saincts et
» reliques estantes en la dite Eglise et la reparation que
» de jour en aultre s'y faict a laquelle on ne peult fournir
» sans laide du bon peuple chrestien, a la fin que led edi-
» fice se puisse plus facillement conduyre et que le peuple
» soit plus enclin à y aller et donner de ses biens, a donne
» les pardons et indulgences qui ensuyvent.

» En premier lieu nostre Sainct Pere Léon, pape, etc.
(Suivent les indulgences accordées par le Pape).

J'entends qu'on me dit que le rescrit de Léon X n'est pas daté. Cela est vrai. Mais ce pape n'ayant été élu qu'en 1513, la concession ne peut être antérieure à cette date. Au par sur on peut rapporter à l'année 1519 la concession du bref pontifical, d'après la citation suivante que nous empruntons à la *Chronologie des Evêques de Dol,* par Juhel de La Plesse (1771). A l'article de Mathurin de Plederan, on lit :

« En 1520, il fit commencer et continuer la tour à

droite de la Cathédrale sur les fondations d'une ancienne dont se voient encore les vestiges (1771). Ses armes y sont en bas et par en dehors et la date de l'année. (1) Sur cette tour sont des crosses entrelacées, marques de l'épiscopat..... »

Nonobstant les indulgences accordées par Léon X, et peut-être même à cause de ces indulgences, la tour Nord de la Cathédrale de Dol est restée inachevée, sans doute par défaut d'argent, ce signe prestigieux de toute volupté. *on* En effet, c'est le levier puissant qui fait mouvoir toutes choses, même les montagnes. Mais aussi, sans ce grand mobile, nuls sont les résultats qu'on obtient. Voilà, je crois, ce qui explique cette soif insatiable de l'or dont aujourd'hui tous, pasteurs et brebis, sont altérés. Chacun, petit à petit, vient fléchir le genou devant le Veau d'Or, suppliant le dieu sourd et aveugle de lui départir quelques-unes de ses faveurs.

La seconde des tours dont nous avons parlé est au Sud du portail occidental. « Elle est plus élevée, dit encore » M. l'abbé Brune, et rappellerait un peu celles de Cou- » tances, à cause des arcatures simulées dont ses murs » sont décorés et où l'on remarque un mélange sensible » de l'ogive et du plein-cintre ; mais elle n'a point au-des- » sus de sa plate-forme cette flèche élégante et hardie qui » termine si bien la plupart des tours ogivales de la pre- » mière période. Une balustrade qui annonce, par ses » compartiments contournés en flammes, le style du XVᵉ » siècle, couronne son sommet et semble y avoir été ajou-

(1) Ces armes furent grattées en 1792, ainsi que les inscriptions commémoratives, sur le réquisitoire du procureur de la commune, Juhel de La Plesse. — (*Archives de la Mairie de Dol*).

» tée postérieurement, car l'ensemble de cette tour paraît
» la partie la plus ancienne de l'édifice, à l'exception de
» la base, qui a été reprise en sous-œuvre dans le dernier
» siècle, et un *petit clocheton qui s'élève à l'angle Sud-*
» *Est, et qui n'est guère plus ancien que cette restaura-*
» *tion....* »

Les dernières lignes de la précédente citation vont donner ouverture à diverses observations et rectifications
qu'il convient sans plus de retard de formuler ici.

Et tout d'abord, je rappellerai l'opinion de M. Alfred
du Vautenet, opinion reproduite au paragraphe précédent
et suivant laquelle, lors de l'incendie allumé par les routiers de Jean-Sans-Terre, « le mur de clôture de l'Ouest »
de la Cathédrale fut épargné par les flammes des impies
Normands.

A chaque extrémité de ce mur « de l'Ouest » s'élevaient
deux tours, occupant les mêmes emplacements qu'aujour-
d'hui, et qui, elles aussi, furent plus ou moins maltraitées,
sans doute, mais non complètement détruites. Du reste, je
vais essayer, comme toujours je l'ai fait jusqu'ici, d'administrer les preuves de mes assertions, car c'est justice.

Cette « *maîtresse tour,* » dont il est parlé dans le bref
d'indulgence de Léon X, et qui était en « *ruygne* » en
1519, existait déjà, et depuis longtemps, sans doute, lorsque la Cathédrale de Dol fut incendiée par les bandits de
Jean-Sans-Terre. Il n'est guère supposable, en effet, que
si cette tour eût été rebâtie au treizième siècle, elle fût
déjà dans la nécessité d'être reconstruite au commencement du seizième siècle. Cette tour existant déjà avant le
treizième siècle, et préservée de l'incendie, avait donc
survécu jusqu'au commencement du seizième, mais à cette

date elle était venue à un point de vétusté tel, que l'évêque
et le chapitre de Dol durent songer à la rebâtir, et c'est
à cette date que l'on commença à rebâtir la tour, qui est
encore inachevée aujourd'hui.

Quant à la tour du Sud, il est à penser que si elle fut
très maltraitée, elle ne fut pas non plus complètement
détruite, et que même la base fut conservée jusqu'aux
premières arcatures, au-dessus desquelles elle fut plus
tard continuée.

Ce que je viens d'avancer se justifie, ce semble, par le
fait de la reprise effectuée au milieu du dix-huitième siècle,
suivant M. l'abbé Brune. En effet, cette base qui fut reprise en sous-œuvre, au milieu du dix-huitième siècle,
notamment à l'Est, au Sud et au Sud-Ouest, était bien plus
ancienne que le reste de la tour, puisqu'il fallut la reconstruire, sans doute, pour cause de vétusté. Elle était
probablement antérieure au treizième siècle et avait eu à
souffrir des dévastations des bandes de Jean-Sans-Terre.
Mais, avec quelques réparations, elle avait pu être continuée au quinzième siècle. Toutefois, avec le cours des
siècles, son état de vétusté était devenu tel qu'il avait fallu
songer à la reconstruire, moins cependant l'angle Nord-
Ouest, dont la maçonnerie se rapporte identiquement à
celle de l'angle Sud-Ouest de la tour inachevée, dite
Vieille Tour.

Suivant M. l'abbé Brune, la reprise de la tour Sud fut
exécutée au milieu du dernier siècle. Nous voulons bien
accueillir cette date de M. Brune telle qu'il la donne, mais,
bien entendu, sans en accepter la responsabilité, car nous
n'avons eu aucun moyen de la contrôler.

Toutefois, nous affirmons que M. l'abbé est dans l'erreur

positivement, lorsque, après avoir parlé de la reprise exécutée au dernier siècle, il attribue à la même époque le
petit clocheton du Sud-Est.

Du reste, comme M. Brune n'est point le premier qui
ait donné cours à cette erreur, nous reprendrons les
choses *à principio*.

M. Prosper Mérimée, en parlant de la tour en question,
dit : « qu'*au XVIe siècle*, on l'a surmontée d'une lan-
» terne dans le goût de *la Renaissance*. » (1)

M. M.-J. Brune, comme on vient de le voir ci-dessus,
attribue au dix-huitième siècle « un petit clocheton qui
s'élève à l'angle Sud-Est » de la tour Sud de la Cathédrale. (2)

Enfin, M. Alfred du Vautenet, établissant la date des
diverses parties de notre Cathédrale, arrive à la tour Sud
et dit : « De plus récentes encore sont dues au dernier
» siècle, telles la sacristie et la reprise faite à la tour au
» Sud, avec la *campanile* Louis XV qui termine l'escalier
» octogonal. » (3)

Avant d'aller plus loin, nous croyons devoir bien faire
remarquer que notre intention n'est pas, le moins du
monde, d'importantiser les choses au-delà de leur valeur
réelle : et partant que nous ne regardons pas comme une
chose miraculeuse la découverte par nous faite de quelques
documents inconnus, et au moyen desquels peut se rectifier l'erreur de quelques écrivains précédents. Mais comme

---

(1) *Notes d'un Voyage dans l'Ouest de la France*, par P. Mérimée, 1836, in-8°, page 116.

(2) *Archéologie Religieuse*, par M. J. Brune, 1846, in-8°,
page 250.

(3) *Congrès Scientifique de France*, p. 286.

l'erreur, pour si légère qu'elle soit, doit toujours céder le pas à la lumière de la vérité, et que le meilleur moyen d'arrêter le cours de l'erreur est de la déraciner dans son essence même, j'ai cru de mon devoir de signaler les inexactitudes qui avaient pu être commises avant nous.

D'ailleurs, je ne marche pas sans preuve; et si j'ai avancé que divers écrivains s'étaient trompés sur le point historique qui nous occupe, à cette heure, eh bien ! je vais en administrer la preuve...

Au folio 62, verso, d'un registre capitulaire pour l'année 1663, on lit la délibération suivante du chapitre de Dol :

« Ledit jour (3 avril), mesd¹ˢ Sʳˢ ont ordonné qu'il sera
» travaillé continuellement à refaire la tour de l'Horloge
» qui menace ruine, et Mʳˢ les fabriqueurs à présent en
» charge, priez de faire trouver architectes et ouvriers
» pour ce faire.   Autin, *secrétaire*. »

Deux autres délibérations, en date des 6 avril 1663 et 15 août 1664, complètent la première.

« Ledit jour, le sieur Deschamps, architecte, ayant été
» fait venir de Rennes pour visiter le bastiment de l'Hor-
» loge, élevé sur le haut de l'escalier de la tour de la son-
» nerie de céans, sur son rapport mesd¹ˢ Sʳ ont esté d'avis
» de faire construire de pierres de taille tout l'édifice de
» l'Horloge, qui n'estoit que de bois, et Messieurs les fa-
» briqueurs sont chargés de faire marché avec luy, aux
» meilleures conditions qu'il pourra.
»   » Autin, *secrétaire*. »

« Le dit jour a été exposé par Mʳˢ les fabriqueurs à
» mesd¹ˢ Sʳˢ, qu'en exécution de la résolution prise, il y a
» plus d'un an, de faire construire de pierres de taille tout

» l'édifice de l'Horloge , élevé sur le degré de la tour de la
» sonnerie de cette Eglise, ils auraient depuis ce temps-là
» faict de grandes dépences à tirer et faire tailler la pierre
» nécessaire à la construction du d' édifice, dont le travail
» a esté discontinué l'hyver passé et recommencé dès
» la fin du mois d'Avril dernier, ayant pour cet effet,
» par l'advis de mesd¹ˢ Sʳˢ, faict venir de Rennes le Sʳ Cor-
» bineau , architecte , qui n'ayant pas approuvé le dessein
» faict par led' Deschamps, et esté d'avis de le reformer en
» plusieurs parties ; cela aurait encore causé de nouvelles
» depences et beaucoup de frais , à quoy les d¹ˢ Sʳˢ fabri-
» queurs ne pouvant satisfaire , faute de fonds qui non
» seulement se trouve épuisé , mais mesme auraient esté
» obligéz de faire plusieurs advances et emprunts particu-
» liers , pour continuer le bastiment dudit Horloge , dont
» ils seront contraints de faire cesser le travail , si mesd¹ˢ
» Sʳˢ ne trouvent à propos par l'advis et du consentement
» de Monseigneur de Dol de prendre à Saint-Malo ou ail-
» leurs quelque some *(sic)* considérable , à rente consti-
» tuée sur le fonds et revenuz de la d¹ᵉ fabrique pour leur
» donner le moyen de faire continuer le travail , et le con-
» duyre à sa fin avant le prochain hyver.

» Sur quoy mesd¹ˢ Sʳˢ déliberants, ont député les dits
» sieurs fabriqueurs vers mon d' Seigneur, pour lui repré-
» senter ce que dessus et obtenir de luy le consentement
» necessaire pour prendre à rente constituée la some de
» seize cent liv., dont la rente de cent liv. par an , sera
» payé sur les revenus de la d¹ᵉ Fabrique jusqu'au rem-
» boursement de la some principale. »

                                    » Aurin , *secrétaire.* »

Suit l'autorisation du Seigneur Evêque, en date du 30 août, signé : « THOREAU, *evesque de Dol.* »

En conséquence de cette autorisation, le vendredi cinq septembre 1664, une procuration fut passée, par laquelle les chanoines donnent « pouvoir et procure, » au sieur Charles De La Haye, leur confrère, de se transporter en la ville de Saint-Malo, pour y faire « là où il pourra » l'emprunt nécessaire pour la continuation du bâtiment de l'Horloge.

V.

PORCHES.

Du côté Sud de la Cathédrale, deux porches s'avancent en saillie sur le corps de l'Eglise : un petit dans le flanc du bas-côté, et un plus grand à l'entrée du transept.

« Le petit porche....., très simple à l'extérieur, est orné de riches sculptures à l'intérieur. L'entrée se subdivise en deux arcades portées par de légères colonnes ; celle du centre est octogone et couverte de cœurs en relief, ce qui a fait croire que ce petit édifice était dû à Etienne Cœuret (1)....., élu évêque de Dol en 1405, mais

(1) Dom Taillandier, et M. Tresvaux qui le reproduit, prétendent que ce prélat n'assista point en personne au Concile de Pise (juin 1409) ; cependant l'un et l'autre citent le second volume du *Thesaurus Anecdotorum* de Dom Edmond Martène et Dom Ursin Durand, p. 1550, où il est mis parmi les évêques présents. Le père Lenfant, dans son *Histoire du Concile de Pise*, le compte aussi parmi les évêques présents. (Voir d'Argentré, chap. 16, p. 78. — Albert-le-Grand, *Catalogue des Evêques de Dol.*)

nous croyons qu'on s'est trop préoccupé de la signification de ces cœurs, et qu'on a oublié le reste de l'ornementation qui n'a rien de commun avec celle du XV° siècle, où il faudrait rejeter la construction de ce porche. Nous croirions plutôt qu'il est à peu près du même temps que l'Eglise; etc. » (Abbé Brune).

Malgré les efforts déployés par M. l'abbé Brune pour infirmer l'opinion qui attribue à Etienne Cœuret l'édification du petit porche précité, nous retrouvons à Dol une tradition confuse, il est vrai, bien vague sans doute, mais qui enfin semble venir en aide à l'opinion combattue. Cette tradition ne s'appuie sur aucun document positif que nous sachions, mais néanmoins nous la rapporterons ici.

Suivant un des statuts du chapitre de Dol, si un évêque mourait le vendredi saint, à l'autel, son successeur devait être le plus ancien des enfants de chœur, dits encore vulgairement choristes et *cœurets*. Ce cas s'étant rencontré, le plus ancien choriste, qui avait connaissance des statuts, en réclama l'exécution : force fut aux chanoines d'y consentir. Mais, pour lui prouver qu'ils ne l'avaient reçu qu'involontairement pour leur évêque, ils lui intimèrent l'ordre de ne point entrer par la porte principale de leur Eglise. En conséquence, cet évêque mis à l'index par son chapitre aurait fait édifier le petit portail en question et serait entré par cette porte, dans sa Cathédrale, pendant tout son épiscopat.

Dans la tradition dont nous venons de faire le récit, il y a un mélange confus de faits relatifs, les uns à Thomas James, les autres à François de Laval. Aucun, ce semble, ne paraît devoir être rattaché à l'épiscopat d'Etienne Cœuret, sauf pourtant ce fait de la construction du petit porche par un évêque qui aurait été choriste ou *cœuret*. La similitude qui existe entre la dénomination vulgaire cœuret et le nom de l'évêque dolois de ce nom, me porte à supposer que le peuple, dans ses souvenirs peu mémoratifs, aura pris le nom de Cœuret comme voulant désigner un évêque qui aurait été choriste ou cœuret. Par suite de cette confusion de souvenirs, et pour donner plus de relief à ce petit cœuret, devenu évêque par le hasard des circonstances, on aura rattaché à son histoire des circonstances qui appartenaient à l'épiscopat d'évêques ses successeurs.

En résumé, donc, le petit porche ayant été édifié par un évêque que la tradition porte avoir été enfant de chœur ou *cœuret*, et ce nom de cœuret, quant à son orthographe, étant identique avec le nom de l'évêque Etienne Cœuret, je crois pouvoir induire de la tradition locale, que le petit porche de la Cathédrale, dit autrefois le petit porche de la porte de l'Evêque, (1) a été construit par l'évêque Etienne Cœuret.

Maintenant je passe au grand portail.

« A l'entrée du transept s'élève un porche spacieux et » d'un aspect imposant, ouvert sur chaque côté d'une

(1) M. Alfred du Vautenet, parlant du grand portail, dit « le grand porche, dit *porte épiscopale....* » — Cette dénomination n'est pas rigoureusement exacte : elle ne l'est même pas du tout. C'était le petit porche qui portait ce nom, avec d'autant plus de raison, qu'il était situé vis-à-vis l'entrée principale du château et s'y reliait, au moyen d'une galerie couverte, ce qui permettait à Monseigneur de se rendre directement de son palais à la Cathédrale. M. Du Vautenet et autres ignoraient ces détails, qui sont cependant très authentiques. (Registres du Crucifix, *ad annum* 1688).

4

» large arcade divisée par des meneaux, comme les grandes
» fenêtres du XIVᵉ siècle , et ornée de voussures autre-
» fois remplies de statuettes et de rinceaux mais aujour-
» d'hui dégradées et hideuses encore des traces que le van-
» dalisme de 93 y a laissées.... »

A propos de ce portail, nous allons entendre un instant
M. Alfred Ramé :

« A l'extrémité méridionale du transept de la Cathé-
» drale de Dol, s'ouvre un porche de dimension inusitée
» et aussi large que le bras de la croix dont il protége l'en-
» trée. Il fut élevé au XIVᵉ siècle par l'évêque Henri
» Cœur, dont le père Albert seul a gardé le souvenir, et
» que l'inexact et incomplet Tresvaux a passé sous silence
» dans son *Catalogue des Évêques de Dol.* La clef de
» voûte porte les armes du prélat accompagnées d'une
» crosse, telle qu'on les retrouve sur le chapiteau d'une
» maison de la ville élevée sous son épiscopat. A l'inté-
» rieur, ce porche a été blanchi à la chaux, mais, en écail-
» lant l'épais badigeon qui le recouvre et en faisant revivre
» les couleurs effacées, j'y ai découvert, en 1850, une
» peinture murale , contemporaine et du porche et du
» prélat, dont elle reproduit les armes parlantes. Cette
» décoration était fort simple : sur un fond jaune , des
» encadrements circulaires de couleurs variées renferment
» les uns des lions ou des aigles , comme sur le pourpoint
» de Charles de Blois , les autres des dragons ou des oi-
» seaux ; ils sont reliés entre eux par des cœurs d'or : les
» vides sont remplis par de grandes fleurs de lis d'azur.....
» Autant qu'il est permis d'en juger d'après un fragment
» aussi petit que celui que j'ai mis à découvert, cette
» décoration, exécutée au pinceau, avait pour but de si-

» muler une de ces tentures que l'on suspendait le long des
» murs des Cathédrales aux jours des fêtes.... » (1)

La citation précédente va donner ouverture à diverses
rectifications qui ne sont pas sans importance.

Et tout d'abord je crois que M. Alfred Ramé est mal
fondé à reprocher à l'abbé Tresvaux d'avoir oublié de
mentionner dans son catalogue le nom de l'évêque Henri
Cœur. Ce reproche, s'il avait sa raison d'être, devrait
s'adresser à Dom Charles Taillandier, auteur du *Catalogue
des Evêques de Dol*, (2) et non pas à l'abbé Tresvaux,
qui n'a fait que reproduire ce catalogue, en le copiant
servilement, et sans y apporter aucune rectification.

Du reste, l'évêque dolois qui, dans le catalogue d'Albert-le-Grand, porte le nom de Henri *Cœur,* s'appelle
Henri du Bosc ou du Bois, dans le catalogue de Dom
Taillandier. La dénomination adoptée par Dom Taillandier me paraît infiniment plus admissible que celle adoptée
par le dominicain Albert de Morlaix. — Mais, pourquoi ?
dira-t-on. Parce que cette dénomination : Henri du Bosc
(De Bosco), se retrouve dans le procès-verbal d'élection
de cet évêque en date du 30 mai 1340. — Au contraire,
la dénomination Henri *Cœur* ne se retrouve nulle part que
dans le catalogue du bonhomme Albert, lequel est fort
sujet à caution et ne doit pas toujours être cru sur parole.
D'ailleurs, le bon religieux de Bonne-Nouvelle paraît avoir
douté de l'exactitude de la dénomination qu'il donnait,
car il l'a soulignée, ainsi que tout le monde peut s'en
assurer.

(1) *Bulletin Archéologique de l'Association Bretonne,* 3ᵉ volume,
p. 255, — Lettre de M. Ramé.

(2) D. Taillandier, *Histoire de Bretagne,* t. II, *in fine.*

Nous concluons donc en disant que c'est indument et à tort que le reproche ci-dessus formulé par M. Alfred Ramé est à l'adresse et au nom de M. l'abbé Tresvaux, d'autant plus que mon dit sieur Tresvaux n'a fait que reproduire le texte et la dénomination publiés par Dom Taillandier, lequel Dom Taillandier écrivait en bonne connaissance de cause et mérite bien un certain degré de crédibilité.

Au surplus, et à part la réserve que nous venons de faire en ce qui touche le nom de l'évêque Henri du Bosc, nous devons déclarer que M. l'abbé Tresvaux mérite de tout point le reproche d'inexactitude et d'incurie que lui applique M. Alfred Ramé. En effet, son catalogue des évêques de Dol est rempli d'inexactitudes et d'erreurs de faits, de dates et de noms. Deux ou trois de ces inexactitudes existaient bien dans l'édition donnée par les savants Bénédictins, mais non seulement M. Tresvaux n'a pas relevé ces inexactitudes, ce qui était pour lui un devoir et une chose facile, mais il y a encore joint un contingent très respectable d'erreurs et qui dénotent un manque presque absolu de recherches et de vérifications. Certaines gens trouveront ce jugement bien amer, sans doute; mais nous ne le rétracterons pas, car il est vrai.

Cela dit, je passe à une seconde série d'observations. M. Ramé a remarqué à la clef de voûte du grand porche méridional des armes qu'il affirme être celles de l'évêque Henri *Cœur* ou Henri Du Bois, constructeur présumé du susdit grand porche. Il m'en coûte beaucoup de contredire le jugement d'un archéologue comme M. Ramé, correspondant du ministère de l'instruction publique; mais, pour mon compte, j'affirme que ces armes peuvent tout aussi bien, même beaucoup mieux, être attribuées à l'évêque Etienne Cœuret (1405-29). J'ouvre, en effet, le bouquin d'Albert-le-Grand, je cherche l'article d'Etienne Cœuret et j'y lis : « *D'azur à trois cœurs d'or,* 2 et 1. » — Or, sauf erreur de ma part, et si j'ai bien distingué, ce sont ces trois cœurs qui sont les armes de la clef de voûte. Ainsi se justifierait l'hypothèse de Jean Ogée, qui attribue à Etienne Cœuret la construction du grand porche méridional.

Quant à « l'épais badigeon » dont parle ensuite M. Ramé et qui recouvre le frontispice et le dessus de la grande porte, il date de 1819.

Le 8 septembre de cette année, la municipalité de Dol passa une adjudication de quelques minimes réparations à faire aux galeries et au grand portail. Dans le cahier des charges et conditions, qui est joint au procès-verbal d'adjudication, on lit :

« Art. 1er. Les réparations consistent.................... ....,................................ dans l'applanisse- » ment des restes des anciennes figures ou bas-reliefs qui » existaient au frontispice et aux voûtes du grand portail, » qui ont été mutilées pendant la révolution, dans la » reprise et recrépîment en *mortier de plâtre ou chaux et* » *sable* de ce frontispice, et des corniches des voûtes où se » trouvaient ces figures, pour en faire disparaître les » traces, dans la fourniture et placement d'un cadran » solaire dans le demi-rond qui surmonte ledit portail.....

« Art. 5. Les pierres de tuff ou tuffeau sur lesquelles » étaient sculptées les figures ou bas-reliefs mutilés seront » applanies au ciseau ou avec tel autre instrument que

(1) Albert-le-Grand, *Catalogue des Evêques de Dol*, page 242.

» l'adjudicataire jugera convenable, de manière à pouvoir
» y placer un enduit en plâtre ou mortier de chaux et
» sable, suivant qu'il sera définitivement statué au moment
» même de l'adjudication. L'adjudicataire fera cet enduit
» proprement, il sera bien uni et poli, sans saillies ni
» défectuosités ; il sera tenu de faire des moulures dans
» les corniches, si on l'exige, comme aussi de donner une
» couleur à cet enduit, si cela est déterminé, lors de l'ad-
» judication ; il reprendra en mortier de chaux et sable ou
» ciment tous les joints dégradés des pilastres et de la
» voûte, et recrépira de la même manière les endroits
» dégradés de dessous la voûte, auxquels il donnera deux
» laits de chaux, ainsi qu'aux niches qui sont sous le dit
» portail......................

    » Art. 8. La plate-forme de plomb sera bien réparée
» partout où besoin sera. Les morceaux seront propre-
» ment rapportés et solidement soudés ; les petits trous
» seront bouchés à la soudure.............. »

       Signé au procès-verbal d'adjudication : — Joseph
         GEFFROY ; — GAUTIER le jne; — Chles MALARD ;
         — POULLET ; — LAIR ; — DEMINIAC, adjoint ;
         — LEJAMPTEL, adj.; — J. BOURSEUL; — Jh PAS-
         QUIER. (1)

    Des diverses parties qui composent l'harmonieux en-
semble de la Cathédrale de Dol, le porche du transept
Midi est certainement celle qui a le moins profité des restaurations opérées de 1839 à 1848.

    En 1845, on démolit le demi-rond qui était au-devant
de la plate-forme, et l'on établit la balustrade qui existe
aujourd'hui tout autour de cette plate-forme ; laquelle

    (1) Archives de la mairie de Dol, Fonds, M. 4.

balustrade M. Brune trouve être d'un style peu en rapport avec celui du monument.

En 1819, ainsi qu'il a été dit plus haut, l'administration municipale de Dol avait fait réparer la plate-forme de plomb ; mais, peu à peu, les pieds des visiteurs et des ouvriers avaient tellement crevassé cette toiture, que les eaux s'infiltraient dans les interstices des voûtes, qui se couvraient d'une teinte *verdâtre*.

Dans la pensée de remédier à cette infiltration, l'administration municipale de Dol fit établir, en 1856, une toiture en béton. Mais les voûtes du grand porche ont conservé leur teinte verdâtre. Les meneaux des arcades latérales, les sculptures des voussures, rien de tout cela n'a été restauré. Et cependant tout cela devait être restauré, suivant le devis de restauration, dressé en 1837, par l'ordre du préfet du département.

Espérons donc, car il faut toujours espérer, lors même qu'il n'y a plus d'espoir, espérons, dis-je, que le gouvernement de l'empereur Napoléon III fera compléter les plans de restauration et fera disparaître les traces qui subsistent encore du vandalisme de 94.

VI.

INTÉRIEUR.

Après avoir attentivement examiné l'extérieur de notre basilique, nous entrons à l'intérieur, et, procédant avec ordre et circonspection, nous nous occupons tout d'abord de la nef.

Au plus bas de la nef, on aperçoit le jeu d'orgues dont il est fait mention dès 1575 dans les registres du chapitre, et qui, à cette époque, était déjà ancien. (1) Un peu plus haut, on trouve deux cuves en pierre d'inégale hauteur, qui servaient de fonts baptismaux au milieu du XVIIe siècle, ainsi qu'il résulte d'un procès-verbal de visite faite par Robert Cupif en l'année 1655. Aujourd'hui, elles n'ont aucune destination, quoiqu'il fût à désirer qu'il leur en fût donné une. Plus haut encore, mais à droite, on distingue une petite porte cintrée qui introduit dans une salle servant autrefois de chambre capitulaire à Messieurs du vénérable chapitre. C'étaient aussi là qu'étaient déposées ses précieuses archives, dont les débris sont encore si riches aujourd'hui.

Cette salle du vieux chapitre sert, à cette heure, de dépôt pour les cercueils. Est-ce qu'il n'y aurait pas quelque moyen de lui donner une autre destination ? (2)

La nef que nous voyons si vaste et où la circulation est si facile aujourd'hui, n'a pas toujours été ainsi. Au commencement du dix-huitième siècle, il s'y trouvait encore cinq autels. Deux d'entre eux étaient dédiés, l'un au Saint-Esprit, l'autre à saint Yves, le bienfaisant official de Tréguier. En 1714, ils étaient tous dans un état assez peu satisfaisant, aussi, sur le rapport du fabriqueur Servais-Etienne de La Motte-Thumbrel, le chapitre prit

(1) Laissées sans aucun soin pendant la révolution, ces orgues furent réparées de 1812 à 1813, par les soins du curé François-Julien Portier.

(2) Peut-être ce serait ici le cas de dire que le curé de Tréguier, M. l'abbé Durand, a réuni dans l'ancienne salle capitulaire de cette Eglise tout ce qu'il a pu se procurer de portraits des anciens Evêques de cette ville.

une délibération, en date du 31 mai 1714, dans laquelle il émettait l'avis qu'ils fussent démolis. Joint à une requête du fabriqueur Thumbrel, le tout fut présenté au seigneur évêque François-Elie De Voyer De Paulmy d'Argenson, qui occupait le siége de Dol. Celui-ci, par ordonnance donnée au château des Ormes, le 31 mai 1714, approuva la délibération du chapitre, et, en conséquence, on procéda à la démolition des autels. (1)

De la nef nous entrons dans le transept, qui partage l'Eglise en deux parties à peu près égales.

Au Nord de ce transept se trouve la chapelle, anciennement dite de *Notre-Dame-de-Pitié*, au fond de laquelle est un tombeau monumental, « l'ornement le plus précieux » de la Cathédrale de Dol, et cependant le moins apprécié » du commun des visiteurs et des habitants de la ville, » dit M. Alfred Ramé. Ce monument funéraire est celui qui fut élevé à l'évêque Thomas James, par son neveu, Jean James, dit Letellier, chanoine-trésorier de l'Eglise de Dol et scolastique de l'église de Nantes.

Il n'est pas inutile de dire ici que le prélat n'avait aucunement réclamé ce fastueux mausolée, et qu'au contraire, dans son testament du 4 avril 1503, il déclare vouloir être inhumé *sans aucune pompe, et comme le dernier du peuple.* Et de fait cette dernière volonté devait être celle de l'évêque qui, dans son inscription tumulaire, est représenté comme ayant porté le cilice et dompté sa chair par le jeûne. (2)

(1) Archives départementales. Fonds 5 G. 108.

(2) «..... *Ego Thomas Dei gratiâ indignissimus minister et epis-*
» *copus Dolensis Ecclesiæ.......... Meam in hunc modum, declaro*
» *voluntatem ultimam : Et imprimis do animam meam Domino*

Mais le neveu Jean, pour satisfaire sa vanité aristocra-
tique, et par une prétendue reconnaissance des biens dont
son oncle l'avait gorgé, voulut lui faire élever cet immense
tombeau que les troubles politiques n'ont pas respecté,
peut-être par un secret retour de la justice céleste.

Avant d'avoir subi les mutilations de 93, le monument
de Thomas James présentait beaucoup de détails artis-
tiques qui n'existent plus aujourd'hui. Mais les Bénédictins
bretons, lorsqu'ils parcoururent la Bretagne à la fin du dix-
septième siècle, le virent dans toute sa splendeur, et ils
en ont laissé une briève description que nous empruntons au volume XLV de la collection dite *des Blancs-
Manteaux.*

« Au pignon de la croisée, du costé de l'Evangile, dans
» une grande et magnifique arcade ornée de deux pilastres
» quarrez fort enjolivez de sculptures aux chapiteaux, ar-
» chitrave, corniche, deux figures et un grand fronton est
» un tombeau de pierre blanche dorée par filets, de figure
» quarrée, oblongue, de quatre pilastres semblables de
» façon au grand soutenant architrave, frize et fronton :
» sur la table duquel qui est de quatre pieds de haut est la
» figure de l'evesque James en habits sacerdotaux, mître
» en teste, deux petits anges soustenant les oreillers, et
» derriere sont deux petits demy-piliers ou supports quar-
» rez sur lesquels sont deux anges assis soustenant les
» armes *Crux* (sic) de la teste avec casque *Crux* (sic) des

» *nostro Jesu Christo,* etc. *Corpus que meum seu cadaver terræ undè
» exivit, in Ecclesiá Sancti Samsonis* SPONSA MEA, *in Capellá quæ
» dicitur Sancta Maria de Pietate, non pempose, sed* SICUT UNUS
» DE POPULO, VOLO HUMILITER SEPELIRI, *juxtá considerationem
» executorum meorum.....* » (Testament de Th. James).

» pieds, avec mître, et au fond, deux grands anges en
» bas-relief, tenant les armes, avec la simple croix ; sur le
» devant deux niches, avec la figure de deux vertus, et au
» milieu une plaque de cuivre enchâssée dans la masson-
» nerie, où l'on voit ces paroles escrites autrefois en
» or. » (1)

Suit l'inscription reproduite par Dom Charles Taillandier, page 65 de son catalogue des évêques de Dol.

Après avoir lu la citation précédente, empruntée au
Recueil des Blancs-Manteaux, il n'y a pas un instant lieu,
ce me semble, de douter que ce ne soit bien le tombeau
de l'évêque Thomas James qui se trouve dans le transept
Nord de la Cathédrale de Dol. Nous devons dire cependant
qu'il y a vingt ans et plus que M. Prosper Mérimée a formulé une assertion toute contraire :

A la page 117 de ses *Notes d'un Voyage dans l'Ouest,*
art. Dol, on lit :

«..... On voit dans le transept gauche (de la Cathédrale)
» un magnifique tombeau de la Renaissance, malheureu-
» sement aujourd'hui fort mutilé. Deux médaillons échap-
» pés aux destructeurs représentent *le chanoine à qui ce*
» *tombeau fut érigé,* et son frère. » (2)

Je dirai ici, sans aucun détour, qu'il est vraiment sur-
prenant que M. Mérimée ait pu formuler une telle assertion, surtout si l'on suppose qu'il a lu les inscriptions qui
existent encore aux deux extrémités du sarcophage et sur

(1) Voir *Mélanges d'Histoire et Archéologie bretonnes,* t. 2,
p. 10. Rennes, 1856, in-8°.

(2) *Notes d'un Voyage dans l'Ouest de la France,* par Prosper
Mérimée, inspecteur général des monuments de France. Paris,
1836, in-8°.

l'un des principaux pilastres du tombeau. Or, il est positif qu'il a dû les lire, puisqu'elles sont reproduites dans son livre, d'une manière peu exacte, il est vrai.

On a vu ci-dessus que sur la table du mausolée était « la figure de l'évesque James, en habits sacerdotaux, et mitré. » Cette statue n'existe plus.

Mais quant aux bustes qui sont des deux côtés du monument, ce sont ceux de deux neveux du défunt, Jean et François James, tous deux chanoines de Dol. Jean, l'aîné des frères, est représenté du côté de la tête du prélat. Sous son buste on lit cette inscription :

> Do : Jo : James : Jur : leaureatus :
> Lehonii : Comenda : ac huius
> Ecclie : thesau : Et Cano : œtat.
> XXXI anni : M : Vcc : VII.

Sous le buste de François, placé aux pieds du prélat, une cartouche brisée par le milieu porte ces mots :

> M : Franciscus.......
> James : huius : eccl....
> Scolasticus : as ca......
> Conditoris frater 1507.

Cette dernière inscription porte que François James était le frère de celui qui avait fait ériger le tombeau. C'est sans doute ce dernier détail qui aura été cause de la méprise dans laquelle est tombé M. Mérimée. En lisant « Conditoris Frater, » il en aura conclu, sans plus ample information, que le défunt qui reposait dans ce monument était frère de celui qui l'avait fait élever. Or, il n'en est rien.

Le contraire même est prouvé par la citation précédente, empruntée à la collection des Blancs-Manteaux, et aussi

par l'inscription tumulaire qui était autrefois « *enchassée* »
au-devant du tombeau, et qui a été publiée en entier par
les Bénédictins au tome II de *l'Histoire de Bretagne*,
p. LXV.

Il reste donc bien et dûment établi que c'est le tombeau
de Thomas James qui existe dans le transept Nord de la
Cathédrale de Dol.

Une inscription gravée sur un des principaux pilastres,
à la partie la plus apparente du tombeau, nous apprend
que c'est aux frais et sous la surveillance de Jean James,
ci-dessus mentionné, que l'œuvre fut exécutée.

> Joannes : James : Juriu : lau :
> Lehonii : commendat : Dol
> Thesaur : et Cano : impensâ
> Et : Cura : structum ac
> Ornatum : Sepulcrum.
> M. V^{cc} VII.

A deux pieds environ du socle du tombeau de James,
on distingue une pierre de granit. Nous approchons les
yeux pour lire l'inscription qui y est gravée, mais inutilement, cette pierre est muette : elle ne dit pas le nom de
celui dont elle recouvre les ossements.

Heureusement, nous trouvons encore dans les portefeuilles des Blancs-Manteaux les renseignements nécessaires pour combler la lacune qui existe ici.

La pierre que nous voyons aujourd'hui a remplacé depuis un siècle (1742) « une tombe de cuivre gravée à plat,
» où un evesque est peint aiant mitre et crosse, » et aux
quatre coins, il y avait quatre écussons en bannières chargés d'un sautoir, chargé lui-même de douze besans ou

« tourteaux. » Ces armoiries se reproduisaient sur la poi-
trine, mais « en escu. »

Autour de cette tombe était écrit :

> Hic jacet pie recordationis et Ecclesiæ defensor,
> Dominus Johannes de Bruc........ Venetensis
> Diocesis, parrochiæ de Glenac oriundus olim
> . . . .
> Millesimo quadragentesimo trigesimo sept°
> Cujus anima in pace requiescat. Amen.

A l'une des extrémités de la pierre tumulaire dont nous
avons parlé ci-dessus, et qui ne porte plus d'inscription,
est un humble pédicule de marbre, avec un couvercle de
bois commun. Ce sont les anciens fonts baptismaux de la
paroisse de l'Abbaye. Depuis 1804, ils servent à la Cathédrale...

VII.

CHŒUR.

Une simple grille en fer, de travail très commun, forme
la séparation entre la nef et le chœur de la Cathédrale. —
Nous franchissons donc cette grille (1) et nous entrons

(1) A la place de cette grille se trouvait jadis un jubé ou chan-
ceau ; en dehors étaient deux petits autels, dédiés l'un à la Sainte
Vierge, l'autre à saint Nicolas. Aux quatre coins du jubé étaient
placées les statues des évangélistes, avec leurs emblèmes. Vers
le milieu du seizième siècle, François de Laval l'avait fait
recouvrir de boiseries dans le goût du temps.

En vertu d'une délibération du général de la paroisse de Dol,
du 17 juin 1792, confirmée par arrêt du département, du 20 juillet
suivant, on procéda le 17 septembre à l'adjudication à qui pour

dans le chœur, où tout le monde peut entrer aujourd'hui, ce qui n'avait pas lieu autrefois. (1)

Les stalles et le trône épiscopal, quoique mutilés, présentent encore des détails intéressants. Ce travail de menuiserie serait fort ancien, suivant M. l'abbé Brune, qui, s'appuyant sur le rapport de M. le comte de Montalembert, le fait remonter au quatorzième siècle, assertion qui est formellement contredite par la tradition locale. (2)

On ne voit plus aujourd'hui les balustrades en bronze qui renfermaient le chœur et surmontaient les stalles :

moins de la démolition du jubé et de l'établissement d'une grille en fer provenant de l'église conventuelle de l'abbaye de la Vieux-ville, et la même qui existe aujourd'hui. Après divers débats, la démolition du jubé et l'établissement de la grille en fer restèrent à la charge du sieur Joseph Erambourg, exécuteur de basses-œuvres, pour la somme de 200 livres. — (Procès-verbal d'adjudication — *penès nos.*)

(1) En effet, le premier dimanche de chaque mois, le clergé de la paroisse Notre-Dame se rendait à la Cathédrale pour les processions ordinaires, mais le clergé et même le recteur revêtu de son étole restaient à la porte du chœur.

En 1790, le procureur de la commune de Dol, M. Jean Hamelin, fit à ce sujet une remontrance au corps municipal, qui, dans sa séance du 19 avril, arrêta « de faire conoître (sic) à MM. du » chapitre de la Cathédrale, que le vœu général des habitants de » cette ville (de Dol) est que M. le Recteur de la paroisse Notre-» Dame.... et le clergé de la même paroisse entrent processio-» nellement dans le chœur de l'Eglise Cathédrale. »

(2) Nous avons souvent entendu dire à notre grand'-mère, aujourd'hui âgée de plus de quatre-vingt-quatre ans, que les stalles du chœur avaient été faites au temps de Mgr De Sourches, par un menuisier nommé François Pinel. — Ce détail assez curieux lui avait été transmis par sa belle-mère, Mlle Jeanne-Thérèse Bidan, veuve Gautier, décédée à Dol le 26 avril 1802, à l'âge de 75 ans.

c'était Mgr de Sourches qui les avait fait placer en 1743.
L'autel de marbre, qui subsiste encore de notre temps, est
dû à la munificence du même prélat. (1) Il fut sculpté en
1743 par Maurice Pierlet, marbrier de Laval, ainsi qu'il
est appris par divers actes du chapitre. De chaque côté de
cet autel sont deux grands et beaux reliquaires, en bois
doré, sculptés à Rouen, en 1746 et 1747, par maître Jean
Le François, et qui coûtèrent 720 livres, tant pour la
façon que pour la dorure : depuis le 4 juin 1848, ils renferment des ossements que l'on croit avoir appartenu à
saint Samson et à saint Magloire.

La nef, le transept et les bas-côtés servaient à la sépulture des chanoines et du bas-chœur de la Cathédrale.
Mais le sanctuaire, considéré comme la partie la plus noble
de la basilique, recevait les dépouilles mortelles de nos
Seigneurs les Evêques. Beaucoup d'entre eux y dorment
silencieusement leur dernier sommeil, mais les fondations
qu'ils avaient établies ne sont plus exécutées. Bien plus,
il n'en est aucun dont les pierres tumulaires aient échappé
à la main dévastatrice des hommes. Et quand nous parlons
de main dévastatrice, nous n'entendons pas parler des
hommes de la Terreur, mais bien des chanoines du chapitre, qui fut le promoteur impie de ces « honteuses spo-
liations. »

Avant de donner ici le principal document relatif à cette
démolition, nous croyons devoir servir à nos lecteurs, qui

(1) C'est au-dessus du grand autel que se déploie la belle
verrière du treizième siècle, sur laquelle on pourra consulter
l'intéressante monographie de M. Brunc (*Congrès Scientifique de
France*, t. II, p. 84, Rennes, 1850), et aussi celle de M. Alfred
Ramé.

nous en sauront gré, la description de l'état ancien des lieux , telle qu'elle se trouve dans les notes des Bénédictins bretons, conservées à la Bibliothèque Impériale, *fonds des Blancs-Manteaux.*

« Entre les deux piliers de la seconde arcade du » cœur (sic) du costé de l'Evangile, est le tombeau d'Es-» tienne Cueret (?) *haut de trois pieds et demy*, garny » d'arcades et figures, sur lequel est la figure vestue pon-» tificalement, aiant deux anges à la teste et deux aux » pieds, aiant les armes du défunt aux agraphes de leurs » habits, un chapîteau par dessus la teste, et la broderie » du bord de sa chasuble bordée par quarreaux de trois » cœurs d'or sur azur, et fantaisies de broderies.

« Au milieu du chœur est un tombeau *haut de trois* » *pieds deux ou trois pouces*, avec une table de marbre » jaspé, supporté de quatre pilliers en termes de mesme » matière, et sous le milieu une espèce d'urne de pierre; » au bord de la dite table de marbre est escrit :

> » Mess^{re} François DE LAVAL, *evesque de Dol, abbé*
> » *de Paimpont et du Tronchet , qui fonda*
> » *12 obits : décédé le 2 juillet , dort ici.*
> » *Requiescat in pace.* »

» Au-devant encore et proche les marches du presby-» tère, (1) est un vieux tombeau d'evesque, savoir I figure

(1) En cet endroit, le mot *presbytère,* en latin *presbyterium*, a la signification de *sanctuaire,* aussi en latin *sanctuarium, presbyterium.*

Ainsi que tout le monde le sait, le sanctuaire est, dans le chœur d'une église, l'endroit où est l'autel, renfermé d'une balustrade.

Le chœur et le sanctuaire ne doivent donc pas être confondus ensemble, ainsi que l'a fait M. l'abbé Brune , en parlant de l'inhumation prétendue de Jean du Bosc dans le chœur de la Cathé-drale. (*Archéologie Religieuse,* page 246.) 5

» à plate terre, de pierre, qu'on dit estre d'un evesque
» *Mahé*......

» Sur la table est sa figure en chape et mître. portant
» grande barbe.....

» **Au presbytère**, il y a trois tombes d'evesques, (1) de
» marbre noir, garnies autrefois de pièces et de raports de
» marbre blanc. sur lequel les noms estoient escrits, il
» n'en reste plus rien.

» Devant le grand autel (sur) est une tombe de cuivre,
» au costé de l'Evangile, avec ces mots :

> Hic jacet inclyta ac honestissima Maria
> James, que vivens Deum colebat et
> Venerabatur; ergà pauperes Chī erat
> Misericors et eos fovebat et consolabatur;
> Quæ rapta est ad cœlum anno Incarnatōn
> Dm̄ni millesimo qūgentesīmo tertio X^mo Miii
>   Vixit annis 12, mensib. 96 & diebus 7.
>   Orate omnes, pro eâ
> Hoc monumentum procuravit Thomas hujus
> Ecclesiæ minister ac Epūs . avunculus,
>   Anno quo suprà.

» au bas, il y a un écusson. »

En 1742, Mgr Jean-Louis De Sourches, ayant donné
plusieurs sommes pour la réparation intérieure de la
Cathédrale, le chapitre nomma des commissaires pour
faire marché avec les ouvriers. Nous donnons ici un ex-

---

(1) Vraisemblablement, c'étaient les tombeaux des évêques
Etienne (1267), Thibault de Pouencé (1302) et Thibault de Moréac (1312).

trait de la transaction relative aux réparations du chœur, transaction dont nous avons l'original sous les yeux à l'instant où nous écrivons.

» Entre nous Messire-Jean-Claude Armand, chanoine » et fabriqueur de l'Eglise Cathedralle de Dol, demeurant » dans la dite ville de Dol, rue *Painte (sic)*, paroisse du » Crucifix,

» Et Messire-François-Joseph de Brunes de Montlouet, » aussi chanoine et vicaire général de Dol, y demeurant » dans la maison presbyteralle de la paroisse de Notre- » Dame, faisant pour eux et au nom des autres Messieurs » chanoines du dit chapitre de Dol, conformément au » pouvoir leur en donné par délibération de ce jour qua- » torzième Aoust 1742, — d'une part ;

» Et maître Maurice Pierlet, marbrier de sa vacation, » demeurant à Laval, rue d'Ernée, paroisse de la Trinité, » d'autre part ;

» S'est fait et passé le présent en double, par lequel » moy dit Maurice Pierlet m'oblige :

» 1° Faire le pavé du chœur et du sanctuaire de l'Eglise » Cathedralle de Dol, conformément au devis de moy » signé pour rester aux mains de Messieurs du chapître ; » c'est-à-dire d'un carreau octogone de pierre de Caen, » accompagné de quatre carreaux de marbre noir ou autre » couleur, au choix de mesdits sieurs du chapitre ; les dits » carreaux de marbre de quatre poulces en quarré et d'un » poulce d'épaisseur, m'obligeant de me servir de la pierre » de Caen que Messieurs du chapître ont fait venir ; de » *lever* et me servir aussi *des tombeaux* de marbre que

» *j'ay vus* et examinés dans la dite Cathédrale, c'est-à-dire
» *trois* dans *le sanctuaire*, *un* au milieu du chœur, *un*
» dans la chapelle Saint-Samson, et *l'autre* dans la cha-
» pelle de Mr James. . . . .

. . . .

» 5° De *descendre* et *scier* le tombeau de M. De
» Laval qui est au milieu du chœur à l'épaisseur de
» trois poulces, » sans le casser sauf à en répondre, à
» moins qu'il n'y ait quelques défauts, qui ne paraissent
» pas au dehors et *à le replacer dans le même endroit*,
» au niveau de l'autre pavé et sans qu'il soit compris dans
» le touazé.

» Arresté sous nos seings, à Dol, ce quartorzième jour
» du mois d'Août, 1742. »

Suivent les signatures.

Le document que nous venons de reproduire est élo-
quent et parle assez haut, de lui-même ; malgré ses fautes
d'orthographe, il est fort clair, et ce serait peine perdue
d'y joindre le plus bref commentaire. Après l'avoir par-
couru, on reste convaincu que le chapitre de Dol est cou-
pable d'avoir le premier donné l'exemple des dévastations
dans son Eglise, et que les Vandales de 93 n'ont fait
qu'achever ce qu'il avait commencé.

Après avoir indiqué l'état ancien du chœur de la Cathédrale et le remue-ménage qui y fut opéré par le chapitre
en 1742, il nous reste à dire quel est l'état des lieux
aujourd'hui.

Sur le dernier degré de grand-autel, auprès de la

porte latérale du chœur, côté Nord, on lit sur un carreau de marbre octogone :

Hic jacet
Stephanus
Cœuret Dolensis
Episcopus, quondam
Demùm Britanniæ
Cancellarius, doctor
Utriusque juris.... qui
Obiit anno Domini
1429. Die 6ta decembris,
et pontificatus
Anno 24. Anima
ejus in pace
Requiescat. Amen.

Au milieu du chœur, sur un autre carreau de marbre,
on lit :

Hic jacet Joannes
De Bosco, quondam
Episcopus Dolensis,
De Cenomaniâ
Natus, utriusque
Juris Doctor,
Excellens et fuit
In parlamento
Regio advocatus,
Qui obiit anno D^{ni}
M. C.C. C. XXIII,
Die Mercurii festo conversi
Onis Sancti Pauli. Orate pro eo. (1)

(1) Sur cette inscription, voir ci-dessous, paragraphe IX,
Chapelle absidale.

Un peu au-dessous de l'inscription de Jean Du Bosc, on remarque une pierre du pavé, plus large que les autres, mais, toutefois, sans aucune indication. Peut-être était-ce là que s'élevait le fastueux mausolée de François de Laval, qui fut « *descendu* » en 1742. Suivant le devis des réparations, le tombeau devait être « *replacé au même endroit et au niveau du pavé;* » mais il n'en fut rien fait. Il ne faut pas s'en étonner, surtout si l'on veut bien faire attention que le chapitre de Dol dut être charmé d'avoir une si belle occasion de faire disparaître le tombeau, et avec ce tombeau, la mémoire d'un évêque dont la nomination, en 1528, fut un déshonneur éternel pour la compagnie.

François de Laval, fils naturel et illégitime de Guy XVIe du nom, comte de Laval, et d'Anne d'Espinay, sa concubine, fut nommé, en 1528, à l'évêché de Dol, par François Ier. Une telle nomination n'a rien d'étonnant de la part de ce roi. Mais le chapitre de Dol, rigoureux observateur des saints canons, se trouva profondément mortifié de voir ce bâtardeau s'asseoir sur le siége de son Eglise. Il voulut donc faire rapporter cette nomination; mais ce fut en vain. Il fallut courber la tête sous le despotisme royal et avaler jusqu'à la lie ce calice d'ignominie.

Obligé de recevoir un évêque dont la naissance véreuse était pour lui un déshonneur, le chapitre lui refusa l'entrée du chœur de la Cathédrale : ce que voyant François de Laval, il se retira dans la chapelle Saint-Sébastien, (1) qu'il fit orner et embellir, et où il célébrait l'office, tandis que les chanoines placés dans leurs stalles lui répondaient

(1) La chapelle Saint-Sébastien était celle qui se trouve vis-à-vis la porte du chœur, côté Midi.

de dedans le chœur. Il en agit ainsi pendant toute sa vie,
et refusa constamment de mettre le pied dans le chœur,
bien qu'il en fût prié et supplié par les chanoines, qui
avaient été forcés de l'aller chercher à son palais, avec
le cérémonial obligé. (1)

Sur ses vieux jours, François de Laval devint « mal-
sain, » soit par suite de constitution vicieuse par le fait
de son origine, ou affaiblie par les désordres d'une jeunesse orageuse. — Quoi qu'il en soit, François de Laval
se retira au prieuré de Sainte-Catherine de Laval, l'un
des nombreux bénéfices dont la prodigalité royale l'avait
surchargé. C'est là qu'il mourut, le 2 juillet 1555. Son
corps, rapporté à Dol, fut inhumé dans le chœur, sous le
mausolée dont les Bénédictins nous ont conservé la description, et qui fut « *descendu* » en 1742.

(1) Ces derniers détails d'opposition souterraine ne se trouvent que dans la *Chronologie des Evéques de Dol*, par Juhel de
La Plesse. Mais il avait très bien pu les recueillir de la tradition
locale, et il y a tout lieu de croire qu'ils sont bien fondés.

D'ailleurs, avant 1793, on voyait dans la chapelle Saint-Sébastien une haute colonne de pierre, et au-dessus, la statue de Fran·
çois de Laval le représentant à genoux en adoration devant le
Saint-Sacrement. Pendant la révolution, la statue fut renversée
par les iconoclastes du lieu; mais la colonne subsiste encore et
porte la date de 1537.

VIII.

CHAPELLES. — PAROISSE DU CRUCIFIX.

De chaque côté du chœur, quatre chapelles de forme carrée et voûtées en pierres, comme les nefs, correspondent aux travées du chœur. Au Midi, celles de Sainte-Marguerite, auprès de la sacristie, de Saint-Joseph, de Saint-Prix et de Saint-Denis ; au Nord, celles du Sacré-Cœur, de Saint-Gilles, de Saint-Gilduin et Saint-Méen, et celle de la Sainte Vierge, joignant la chapelle absidale de Saint-Samson.

Au § IV du présent mémoire, nous avons essayé de prouver que le chœur de la Cathédrale de Dol avait été inauguré en 1265 ; mais nous n'avons rien dit relativement aux chapelles qui rayonnent autour du chœur ; c'est ici le lieu de combler cette lacune.

« La ville épiscopale de Dol, dit Messire Tresvaux, n'a- » vait qu'une paroisse, desservie à la Cathédrale. » Il y a dans ce peu de mots deux grosses erreurs qu'il convient de relever ici.

Aujourd'hui encore il est de notoriété à Dol, qu'avant 1791, il y avait en cette ville trois paroisses, savoir : celle de Notre-Dame, celle de l'Abbaye, enfin celle du Crucifix.

Les deux premières avaient leur église distincte et subsistèrent jusqu'en 1791.

Quant à celle du Crucifix, elle se desservait réellement à la Cathédrale, dans la chapelle actuelle de la Sainte

Vierge. Mais elle fut supprimée en 1775 et réunie à la paroisse de Notre-Dame. (1) Voilà l'exacte vérité.

C'est par erreur que, dans un précédent opuscule, nous avons dit que le service religieux de la paroisse du Crucifix se faisait à la chapelle de Notre-Dame-des-Tangueres, située tout auprès du pont de ce nom. (2)

Toutefois, il n'est pas inutile de faire remarquer que cette petite chapelle dépendait de la paroisse du Crucifix, et qu'elle servait de lieu de sépulture à un certain nombre de paroissiens, notamment aux plus fortunés.

Cependant il existait encore un petit cimetière auprès de la Cathédrale, dans l'angle formé par le grand porche et le mur latéral de la chambre capitulaire. On l'appelait le cimetière du *Rosaire*.

Vers la fin du dix-huitième siècle, et après la démolition de la muraille de fortification qui entourait la Cathédrale, le cimetière de la paroisse du Crucifix fut transféré dans le fossé qui longeait le côté nord de la Cathédrale. On ne cessa d'y enterrer qu'en 1789.

La paroisse du Crucifix comprenait la rue Ceinte et la rue de la Licorne. En outre, par suite d'une bizarrerie de circonscription dont on trouve bien d'autres exemples ailleurs, elle avait encore dans sa dépendance les maisons situées à la Croix-Binette, à la barrière du Moulin, sur le chemin de l'Abbaye, et encore une maison située vis-à-vis le Clos-Lupin, sur la route de Rennes.

Jean-Baptiste Jambon, dernier recteur du Crucifix et

(1) Les registres de ces paroisses sont conservés aux archives de la Mairie de Dol.

(2) *Histoire de la Cathédrale et autres Monuments de Dol*, 1852, in-8°, p. 9.

chapelain de la chapelle de Saint-Yves, dans la Cathédrale, mourut le 21 juin 1775, et fut inhumé le même jour devant l'autel du Crucifix.

L'existence de la paroisse et de la chapelle du Crucifix est parfaitement établie dès le commencement du quatorzième siècle.

Dans le préambule d'une pièce publiée par Dom Morice et qui est datée du onze juin 1340, on lit : « (1)....... *Rol-* » *landus de Hirel, Capellanus desserviens Capellæ Cru-* » *cifixi, Curatus in ecclesiâ Dolensi..........* »

Toutefois, si la paroisse du Crucifix était déjà régulièrement établie en 1340, avec sa chapelle particulière, il est à croire que son institution remontait à une époque bien plus ancienne ; ce qui me donne lieu de penser que la chapelle dite du Crucifix (*Crucifixi*) dans le document de 1340, est la même que celle dite de Sainte-Marie (*Beatæ Mariæ*), dans une bulle du pape Boniface VIII, laquelle est de la troisième année de son pontificat, ce qui revient à l'année 1297.

Dans cette bulle, jusqu'ici restée inconnue, le pontife d'Anagnie confirme les possessions du chapitre de Saint-Samson, et parmi ces possessions il signale nominativement : « *Capellam Sancte Marie, quæ est juxtà ip-* » *sam Ecclesiam.* » (2)

La description de la bulle pontificale me paraît parfaitement convenir à la chapelle actuelle de la Vierge, qui est l'ancienne chapelle du Crucifix, comme il a été dit ci-dessus. Cette chapelle est, en effet, tout auprès de l'Eglise

(1) Dom Morice. — *Preuves de l'Histoire de Bretagne*, tome premier, page 1403.

(2) Livre Rouge du chapitre de Dol.

et du chœur auquel elle est juxtaposée. La bulle indique l'Eglise, en général, sans préciser aucune partie, mais un document postérieur vient trancher la question de la véritable situation.

Un fragment du Livre Rouge du chapitre de Dol, qui contient le catalogue des bénéfices de la Cathédrale, au commencement du quinzième siècle (1442), mentionne ainsi la paroisse du Crucifix : «........ *Item in eadem Ec-* » *clesiâ (Dolensi), et extrà chorum, fundata vicaria Cu-* » *rata, Crucifixi vulgariter nuncupata, quæ spectat ad* » *præsentationem Capituli, quotiens casus vacationis oc-* » *curit et ad collationem Episcopi.* » (1)

Comme l'indique la citation que nous venons de produire, la chapelle où se desservait la cure du Crucifix se trouvait en dehors et par conséquent auprès du chœur *(extrà chorum).* Cette citation nous révèle encore un autre détail intéressant. C'est que l'évêque conférait le titre ecclésiastique du Crucifix, mais sur la présentation du chapitre de la Cathédrale, qui était patron de la cure. Aussi, la bulle de Boniface VIII compte-t-elle la chapelle du Crucifix parmi les possessions capitulaires.

Il nous reste encore à expliquer et à justifier cette dénomination de Sainte-Marie, qui est donnée à la chapelle paroissiale du Crucifix dans la bulle de 1297.

La paroisse qui se desservait dans l'intérieur et à l'un des autels de la Cathédrale portait le nom de paroisse du Crucifix, — *Crucifixi vulgariter nuncupata,* — comme le dit le Livre Rouge. Mais l'autel, mais la chapelle où se desservait la paroisse était, ou pouvait être sous l'invocation de

(1) Archives départementales. — Fonds, chapitre de Dol, liasse 108.

la bienheureuse Marie, en l'honneur de qui la Cathédrale
de Dol a été fondée, disent les titres de cette Eglise. Or,
dans les actes ecclésiastiques, on donne à une chapelle,
à une église, à une cathédrale, le nom du patron ou de la
patronne sous l'invocation duquel elle se trouve. Ainsi,
ce me semble, s'explique et se justifie très évidemment
la dénomination de Sainte-Marie, donnée à la chapelle du
Crucifix, dans la bulle confirmative du Pape Boniface VIII. (1)

Au surplus, ce ne sont pas seulement les documents
historiques ci-dessus invoqués qui viennent en aide à l'o-
pinion que nous avons formulée, savoir, que la paroisse
du Crucifix était déjà régulièrement établie en 1297 et
que la chapelle de Sainte-Marie est bien la chapelle paroissiale du Crucifix.

L'état même actuel des lieux, les développements inu-
sités donnés à la chapelle actuelle de la Vierge, démontrent aux yeux les moins clairvoyants que cette chapelle
avait été construite pour une destination particulière.

Il est hors de doute qu'une paroisse, dite le Crucifix,
exista dans la Cathédrale jusqu'en 1775, qu'elle fut supprimée par Mgr de Hercé et réunie à celle de Notre-
Dame. Il est également hors de doute que, lors de sa suppression, cette paroisse se desservait depuis un temps im-
mémorial à l'autel de la chapelle, qui est à l'angle Nord-
Est du chœur, et qui est, aujourd'hui encore, sous le vocable de la Sainte Vierge. Nous ne sachions pas que la
tradition ait conservé le souvenir qu'une autre chapelle de
la Cathédrale ait jamais servi à cette paroisse.

Donc, nous concluons de tout ce qui précède, 1° que

(1) Dom Morice. — *Preuves*, tome premier, page 1444.

la paroisse du Crucifix existait dans la Cathédrale de Dol
dès 1297 ;

2° Que cette paroisse se desservait, dès cette époque,
dans la chapelle qui est à l'angle Nord–Est du chœur et est
aujourd'hui sous le vocable de la Sainte Vierge ;

3° Que la chapelle de Sainte-Marie et la chapelle du
Crucifix sont une seule et même chapelle.

Maintenant que nous avons établi ces trois propositions,
nous allons plus loin et nous affirmons que la paroisse du
Crucifix et sa chapelle, telle qu'elle existe encore à cette
heure, existaient déjà en 1269.

En effet, dans l'article que les frères Sainte-Marthe ont
consacré à l'évêque Jean Mahé, dans leur *Gallia Chris-*
tiana, page ..., on lit le passage suivant que nous allons
commenter, après l'avoir reproduit : « JOANNES *Mahé.....*
» *composuit litem inter Guitellum Dominum de Coet-*
» *quen et Oliverium Rectorem Capellaniæ beatæ Ma-*
» *riæ, in Ecclesiâ Sancti Samsonis Dolensis.* 1269. » (1)

Dans les deux pages précédentes, nous avons prouvé,
autant qu'il nous a été possible, l'identité parfaite entre
la chapelle de Sainte-Marie-du-Crucifix et la chapelle actuelle de la Sainte Vierge : nous avons également prouvé
l'existence de la paroisse du Crucifix en tant que bénéfice
ecclésiastique.

Ainsi, dans la citation précédente du *Gallia Christiana*
Antiqua, il n'y a que les mots : *Rectorem Capellaniæ*
Sanctæ Mariæ, dont nous ayons à prouver la relation
directe avec la chapelle et la paroisse du Crucifix.

Le mot *Capellania* employé dans les anciens actes ecclésiastiques s'entend le plus ordinairement d'un bénéfice

(1) Sainte-Marthe. *Gallia Christiana,* t. 2, p. ....

ou fondation desservie à l'autel d'une chapelle : de là est venu le mot *chapellenie.*

Quelquefois, cependant, le mot *Capellania* s'entend aussi d'une chapelle accostée auprès d'une église cathédrale, collégiale ou autre, où il y avait un autel et où l'on disait la messe. C'est ce que les canonistes appèlent *sub tecto,* c'est-à-dire, renfermée sous le toit d'une plus grande église. Ainsi l'ont entendu Ducange, Rebuffe et quelques autres. (1)

Du reste, peu importe dans lequel des deux sens ci-dessus indiqués on voudra entendre le mot *Capellaniæ,* employé dans la citation des frères Sainte-Marthe.

En effet, l'un et l'autre de ces deux sens sont favorables à l'opinion par nous émise ; savoir : que la paroisse du Crucifix existait dès 1269 ; et qu'elle se desservait, dès cette époque, dans la chapelle actuelle de la Sainte Vierge dans la Cathédrale de Dol.

On objectera peut-être que cette chapellenie de Sainte-Marie pouvait être un bénéfice, autre que la cure du Crucifix. A cette objection, je réponds que toute confusion est prévue ici par la présence du mot *Rectorem* qui précède le mot *Capellaniæ,* et qui a toujours désigné le chef spirituel d'une paroisse, en Bretagne surtout.

C'est dans ce sens qu'il est employé dans les ordonnances synodales de Thibault de Pouencé et de Jean du Bosc, évêques de Dol à la fin du treizième siècle.

En dernière analyse, nous concluons de tout ce qui précède que la paroisse de Sainte-Marie-du-Crucifix existait en 1269 ; — que la chapelle de la Sainte Vierge et les

_____

(1) Rebuffe. *Tractatus de Pacificis possessoribus.*

autres chapelles qui rayonnent autour du chœur existaient pareillement dès 1269. (1)

Cette conclusion définitive vient corroborer celle que
nous avons prise plus haut et suivant laquelle le chœur de
la Cathédrale aurait été inauguré en 1265.

IX.

CHAPELLE ABSIDALE.

« La chapelle absidale, dédiée à saint Samson, est à
» pans coupés et percée de trois belles fenêtres ; elle est
» plus spacieuse que les autres. M. de Caumont a cru y
» voir des marques de raccord à l'endroit où elle se réunit
» au chœur, ce qui lui a fait penser qu'elle pouvait n'être
» que du quatorzième siècle.

» On remarque dans cette chapelle une arcade prise
» dans l'épaisseur du mur Nord, où devait être *apparem-*
» *ment le tombeau de saint Samson.* Elle est maintenant
» fermée d'une grille derrière laquelle on place les aliénés
» qu'on amène en pèlerinage. » (2)

Je reviens sur la citation précédente, empruntée à l'ouvrage de M. l'abbé Brune, et je demanderai au digne chanoine à quelle source historique il a puisé les détails,

(1) M. Mérimée mentionne la chapelle de la Vierge en deux
endroits de ses *Notes d'un Voyage dans l'Ouest*, pages 110 et 114.
Mais, par la description qu'il en fait, on voit, de prime abord,
qu'il a confondu la chapelle absidale de Saint-Samson avec la
chapelle latérale de la Vierge.

(2) Il y a quinze ans que la grille a été enlevée, et dès auparavant le pèlerinage avait perdu de sa vogue. — On ne le connaît
plus à cette heure.

assez vagues, toutefois, qu'il a donnés touchant l'existence et la situation du tombeau de saint Samson ? (1) Pour moi, je déclare n'avoir rien trouvé de semblable dans les nombreux documents que j'ai recueillis touchant saint Samson. J'ajouterai même que, nonobstant les affirmations contraires et irréfléchies de gens peu au courant de ce point historique, il n'y a aucune tradition qui vienne à l'appui de l'assertion émise par M. l'abbé Brune.

Donnons quelques détails.

En 878, Mahen, archevêque de Dol, transporta à Orléans le corps d'un saint Samson et le déposa dans l'abbaye de Saint-Symphorien, où il resta toujours.

Au dixième siècle, le clergé de l'Eglise de Dol, fuyant devant l'invasion normande, emporta, d'abord à Avranches, puis à Paris, le corps d'un autre saint Samson, et le corps de saint Magloire, archevêques de Dol. Le clergé de Dol resta longtemps à Paris, et lorsqu'il songea à revenir à Dol, Hugues Capet, comte de Paris, qui lui avait donné l'hospitalité en cette ville, retint la partie la plus considérable des reliques de saint Samson, et laissa au clergé de Dol l'autre partie, où se trouvait le chef du saint pontife. (2)

Les reliques rapportées à Dol par les clercs de cette Eglise, à la fin du dixième siècle, se retrouvaient encore, en partie du moins, dans la Cathédrale, lorsque le farouche Jean-Sans-Terre vint ravager la ville de Dol en 1203. Les malandrins et routiers qu'il menait à sa suite enlevèrent ces reliques, mais elles furent restituées en 1222

(1) *Archéologie Religieuse*, par M. l'abbé M.-J. Brune, p. 264.

(2) Déric, *Histoire Ecclésiastique de Bretagne*, t. II, page 478 et suivantes, édition 1847.

au chapitre de Dol, ainsi que nous l'avons raconté au § IV, avec toute l'étendue désirable.

Il y a bien lieu de croire que, dès le moment de cette restitution mémorable, les reliques de saint Samson furent conservées dans cette châsse d'argent, que l'évêque Etienne Cœuret fit ouvrir en 1411, comme nous le redirons tout-à-l'heure. Ce qui nous induit à penser que la châsse en question pouvait bien remonter à cette date, c'est que, dans un procès-verbal de visite faite par l'orfèvre Rondeau, en 1400, on voit qu'il y manquait déjà une statue de saint Paul, trois colonnes et nombre d'ornements moins importants. (1)

Le 16 août 1411, « l'évêque Etienne Cœuret, dit » M. Alfred Ramé, fit procéder en sa présence à l'ou- » verture de la grande chasse de saint Samson (2)...... » Elle (cette châsse) était adossée au maître-autel, sous

(1) *Mélanges d'Histoire et d'Archéologie bretonnes*, t. 1, p. 262, Rennes, in-12, 1855. — *L'ancien et le nouvel autel de la Cathédrale de Dol*, par M. A. Ramé, aujourd'hui substitut du procureur impérial à Rennes.

(2) A la page 253 de *l'Archéologie Religieuse* de M. l'abbé Brune, dans une note relative à Etienne Cœuret, on lit : « .... Il » (Etienne Cœuret) fit ouvrir, en 1411, le *tombeau de saint* » *Samson*, dans lequel on trouva un bras, deux os de la jambe » et quelques os du cou..... »

La visite des reliques de saint Samson dont parle M. Brune est bien certainement la même que celle que nous mentionnons ci-dessus. Mais il est impossible de deviner où M. Brune a trouvé ce qu'il avance à propos du « *tombeau de saint Samson*, » où les reliques devaient exister. Il est bien positif que ce n'est pas dans le procès-verbal de visite, que nous produisons plus haut. En effet, il y est question de *la chasse* et non du tombeau de saint Samson.

» un petit édifice analogue à ceux qui protégeaient à Paris
» le corps de saint Marcel ; à Bourges, celui de saint
» Guillaume. Aussi l'auteur d'une description manuscrite
» du chœur de l'Eglise nous dit-il : « Sur l'autel de la
» Cathédrale a un bastiment en forme de chasse.... » On
« y trouva de nombreuses reliques du premier évêque de
» Dol, un bras, deux des grands os des jambes, de nom-
» breux ossements du cou, des mains et des pieds. Pour
» satisfaire la piété des fidèles, on admit tous ceux qui le
» voulaient à baiser ces reliques vénérées, puis la chasse
» fut refermée. » (1)

« *In anno sequenti, videlicet M. CCCCXI, fuit capsa*
» *sci, Samsonis aperta, in quâ fuerunt invente multe*
» *reliquie corporis B. Samsonis, videlicet unum brachium*
» *et due tibie et multa ossa, colli, manuum et pedum. Et*
» *postquam omnes qui volebant illas osculati sunt, iterùm*
» *fuit clausa. Factum die dominicâ, XVI Augusti*
» *presentibus Dno Stephano Epo Dolensi, etc.* Signé
» J. Lorié. *Verum est.* » (2)

Je reviens un peu sur la citation ci-dessus de M. Alfred
Ramé, pour y faire quelques légères rectifications.

M. le substitut Ramé a eu sans doute des raisons pour
dire « la *grande* châsse de saint Samson, » mot que nous
avons souligné, plus haut, avec bonne intention. Mais ce
qu'il dit ne me paraît pas être identique avec le passage
suivant que je vais extraire d'un procès-verbal de visite

(1) *Mélanges d'Histoire et d'Archéologie bretonnes*, t. 1, p. 262,
Rennes, 1855, in-12.

(2) Obituaire de l'Eglise de Dol, aux archives du département.

faite en 1579, (1) par l'évêque Charles d'Espinay, et où on lit : « .... Capsellam *eidem divo Sansoni* antiquitùs dicatam...... *visitavit......* » Le mot *capsella* signifie une très-petite châsse, et cependant le texte que nous avons produit *(antiquitùs dicatam)* ne permet pas de douter que ce ne fût encore la même châsse, visitée au commencement du quinzième siècle, par Etienne Cœuret.

Je poursuis. — Charles d'Espinay, prélat généreux et bienfaisant, après avoir dévotieusement visité *(devote visitavit)* les saintes reliques, fit don d'une plus grande châsse, pour renfermer l'ancienne petite châsse. — « .... *Quam quidem capsam, seu* parvam archam *ho-* « *norificè et religiosè in majori Archâ recondidit; eam-* » *que archam majorem suis stipendiis et pulchrè deau-* » *rificatam liberalitate quâ solet, motus, dono dedit, et* » *in honorem divi Samsonis dedicavit et de proprio con-* » *secravit.* » (2)

Sauf à M. Ramé à démontrer que nous sommes dans l'erreur, il nous semble bien que le « *bastiment en forme de chasse* » dont parlent les Bénédictins bretons dans leur description, (3) n'est pas autre que la châsse donnée par Charles d'Espinay, et que, par ailleurs, il n'existait aucun autre édifice.

Les reliques de saint Samson, visitées le 24 décembre 1579, par Charles d'Espinay, le furent de nouveau en 1643, sous l'épiscopat d'Anthyme-Denys Cohen. (4)

(1) Et non pas en 1569, comme on le lit dans l'histoire de M. l'abbé Deric, peut-être par suite d'une faute d'impression.

(2) Registre du chapitre de Dol, *ad annum* 1579, folio 1er.

(3) C'est la description dont veut parler M. Ramé. Elle se trouve au volume XLV des Blancs-Manteaux.

(4) Deric, *Histoire Ecclésiastique*, t. II, p. ..., 1847, note.

Nous avons longuement insisté sur les diverses pérégrinations que les reliques de saint Samson ont subies pendant le cours des siècles. Peut-être y aurait-il eu moyen d'épargner tous ces détails aux lecteurs ; mais je tenais essentiellement à démontrer que les reliques, et par conséquent le tombeau de saint Samson, ne se sont jamais trouvés au lieu où M. Brune les place.

Cela fait, je vais indiquer à quel usage a servi l'arcade où M. Brune veut prétenduement placer le tombeau de saint Samson.

Ici encore, je suis heureux de recourir aux notes recueillies par les vaillants religieux de la congrégation de Saint-Maur.

J'ouvre donc le volume XLV de la collection des *Blancs-Manteaux*, et au folio 31, recto, je lis :

« ÉPITAPHES DE L'ÉGLISE DE DOL.

» A la chapelle de Saint-Samson, derrière le chœur, » et au fond.

» A la main gauche, une tombe, dans une arcade de » la muraille ; de marbre noir ; autrefois relevée d'arcades » et de figures de marbre blanc, au nombre de 6. Sur le » tombeau, y a figure de pierre blanche, et au bord exté- » rieur est écrit, le tout sur une ligne :

> « Hic jacet Johannes de Bosco codam epus
> Dolensis, de Cenomania natus utriusque juris
> Doctor excellens et fuit in parlamento
> Regis advocatus, q. obiit anno Dni M.
> CCC. XX III. Die mercurii, festo conversionis
> S. Pauli. Orate pro eo. »

Après cette citation, j'estime que personne ne sera plus

tenté de vouloir substituer le tombeau de saint Samson à la place de celui de son successeur Jean du Bosc.

Mais ce n'est pas tout. Puisque Jean du Bosc fut inhumé en 1324, dans la chapelle Saint-Samson, cette chapelle existait donc dès lors, et peut-être ne serait-ce pas aller à l'encontre de toute vraisemblance que d'avancer que c'est cet évêque qui lui-même la fit construire.

En tout cas, c'est sans fondement aucun que M. l'abbé Brune à écrit dans son *Archéologie Religieuse* (1) que « Jean du Bosq *(Joannes de Bosco)*....................... » fut enterré dans le sanctuaire de la Cathédrale où l'on » voit encore une inscription, et non pas, comme le dit » M. Tresvaux, dans la chapelle Saint-Samson...... »

M. Brune a voulu infliger une rectification à son confrère dans le sacerdoce ; mais cette rectification n'a pas sa raison d'être : elle porte complètement à faux. Dans ce qu'il avance, M. Tresvaux est exact, mais toutefois sans le savoir. Je dis — sans le savoir, — car, pas plus que M. Brune, M. Tresvaux, qui cependant habite la capitale depuis trente ans, n'a songé à revolver la collection des *Blancs-Manteaux*. Seulement, il a été assez heureusement inspiré pour copier fidèlement le catalogue de Dom Charles Taillandier. Ainsi, la rectification de M. Brune, si elle était fondée, se serait adressée à Dom Taillandier, auteur du catalogue publié, en 1756, à la fin du second volume de *l'Histoire de Bretagne*. Mais Dom Taillandier écrivait en connaissance de cause, et d'après les mémoires de ses frères en religion. Il n'ignorait pas sans doute que, depuis 1693, de grands changements avaient eu lieu dans la Cathédrale de Dol, mais il tenait à constater l'état ancien des lieux, et l'on doit lui en savoir gré.

(1) Page 246.

Au contraire, quand il a écrit sa rectification prétendue, M. l'abbé Brune ne connaissait pas l'état ancien de
l'intérieur de la Cathédrale de Dol ; il ne connaissait pas
plus les transformations vandaliques opérées au milieu du
dix-huitième siècle ; mais, ayant lu au milieu du chœur de
notre Cathédrale une inscription, en caractères tout mo-
dernes, mais où se trouve le nom de Jean du Bosc, il en a
conclu, sans plus ample information, que Jean du Bosc
avait été « *enterré dans le sanctuaire de la Cathédrale...* »
Rien cependant n'est moins avéré. (1)

Ç'aurait donc été une bonne fortune pour M. l'abbé
Brune, si, à l'exemple de M. Tresvaux, il eût fidèlement
copié le texte des Bénédictins. Les lecteurs de son *Archéologie* y eussent gagné et lui aussi. En effet, M. Brune
n'eût point hasardé une rectification qui, en résumé, n'est
qu'une erreur profonde. Et, en second lieu, de ce fait de
l'inhumation de Jean du Bosc, dans la chapelle Saint-
Samson, en 1324, il eût été en droit de tirer cette conclusion, savoir : non seulement que la Cathédrale, mais encore la chapelle Saint-Samson, existaient au commencement du quatorzième siècle.

Il paraît bien, du reste, que M. l'abbé Brune s'est formé
une conviction toute contraire, car, dans un mémoire sur
les vitraux de la Cathédrale, publié en 1850, parlant de
la chapelle Saint-Samson, il dit : « La chapelle absidale,

(1) Tout ce que l'on pourrait supposer de plus favorable à
l'opinion de M. Brune, c'est que, lors des changements de 1742,
le chapitre de la Cathédrale fit transporter dans le chœur les
restes mortels de Jean du Bosc et aura fait replacer sur la nouvelle sépulture l'inscription qui se lisait auparavant autour de son
tombeau, dans la chapelle Saint-Samson.

» que je crois ajoutée à l'édifice principal vers la fin du
» XIVe siècle........ ? (1)

Certainement, et je m'empresse de le reconnaître, les
erreurs qui tiennent à l'archéologie sont bien éloignées
d'avoir l'importance de celles qui touchent à la morale et
à la religion. Mais cependant une erreur, par cela même
qu'elle est erreur, doit faire l'objet d'une rectification, et
l'on doit saisir la première occasion de relever cette erreur,
car elle n'a pas été plutôt produite, qu'elle est presque
aussitôt répétée.

Ainsi est-il arrivé pour l'erreur de M. Brune. En effet,
dans la première édition du *Panorama d'un Beau Pays*,
M. Bertrand Robidou affirme, lui aussi, que « Jean du
» Boscq fut enterré dans le chœur. »

Je ne doute point qu'il ne se rencontre certains esprits
qui me fassent un péché irrémissible d'avoir délayé si longuement ma rectification ci-dessus, et qui me taxent d'insolence, d'humeur peu courtoise, *et cætera*. Mais je déclare être préparé à tous ces *revenants-bons* habituellement réservés à l'homme assez intrépide pour déployer au
grand jour l'étendard de la vérité. J'ajouterai même qu'a-
vec un peu d'attention, on ne se fût pas fourvoyé de la
sorte.

Pour obtenir ce résultat si désirable, il n'était pas nécessaire de fouiller les portefeuilles des *Blancs-Manteaux*,
mais il eût suffi de lire attentivement le catalogue de Dom
Taillandier, (2) et, par surcroît d'exactitude, celui de l'avo-

(1) *Congrès scientifique de France*, tenu à Rennes en 1849,
tome 2, page 85.

(2) Voici en quels termes s'exprime Dom Taillandier, page LXJ
de son catalogue : « Il (Jean du Bosc) mourut le 25 de janvier,

cat Jean Chenu qui, en 1611, d'après des renseignements
lui transmis par Mgr de Revol, s'exprimait comme il suit,
à l'article de Jean du Bosc :

«....... *Ipsius (Joannis de Bosco) tumulus in capellâ*
» *Sancti Sansorij* (sic) *visitur, quæ est in Cathedrali*
» *Dolensi cum epitaphio.* » (1)

La chapelle Saint-Samson est en partie pavée par les
pierres sépulcrales de quelques évêques de Dol, qui y sont
inhumés. Nous allons rapporter ici celles de ces épitaphes
qui n'ont pas encore été publiées. (2) — Du côté de
l'évangile, on lit :

> **Hic jacet illustrissimus ac**
> **Reverendissimus D. Joannes**
> **Ludovicus de Bouschet de**
> **Sourches, Episcopus Comes**
> **Dolensis, abbas S. Martini**
> **de Troarno, pastor vigilantiss,**
> **Pietate et Doctrinâ insignis**
> **Fidei Catholicæ propugnator**
> **Acerrimus, pauperum pater, hujus**
> **Templi, restaurator,**
> **Munificentissimus, Collegiique**

» l'an 1324, et fut *inhumé dans la chapelle de Saint-Samson* sous
» un tombeau de marbre avec cette inscription : *Hic jacet,* » etc.,
comme ci-dessus.

(1) Jean Chenu. — *Archiepiscoporum et Episcoporum Galliæ,
Chronologica Historia*, p. 177, *Episcopi Dolensis.*

(2) M. Brune, après avoir constaté l'existence des épitaphes de
la chapelle Saint-Samson, ajoute : « On peut voir dans l'ouvrage
» de M. Tresvaux sur l'Eglise de Bretagne, diocèse de Dol, les
» inscriptions que nous indiquons. » (*Archéologie Religieuse*,
p. 264-65).

Le renvoi de M. Brune à la compilation indigeste de l'abbé

Dolensis fundator et exstructor,
Liberalissimus, obiit die XXIII
Junii, an D, MDCCXLVIII, ætatis
Suæ, anno 70, pontific. verò sui,
Anno 32. Requiescat in pace. Amen.
Mærens posuit Capitulum Dolense.

Du côté de l'épître, dorment côte à côte, mais chacun
en leur sépulcre, Matthieu Thoreau, décédé le 31 janvier
1692, à l'âge de 80 ans, et Jean-François Dondel, enlevé à
son diocèse le 11 février 1767, à l'âge de 74 ans.

Dom Charles Taillandier donne l'inscription tumulaire
de l'évêque Thoreau. Nous consignerons ici celle de
Mgr Dondel :

Hic Jacet
Illustrissimus ac Reverendissimus D. D. Joannes Franciscus
Dondel
Nobili et antiquà prosapia Venetiæ
Ortus,
Apud suos, Ecclesiæ Cathedralis, Thesaurarius
Tùm Archidiaconus & Vicarius Generalis,
Munia sic ademplevit ut exemplar
In omnibus haberetur
Universorum plausu Dolenses ad Infulas
Vocatus
Christianâ humilitate, morum suavitate doctrinæ
Integritate,
In Deum pietate, in ecclesiam observantiâ,

Tresvaux est mal fondé. En effet, ce Monsieur Tresvaux n'a pas
donné les inscriptions de MMgrs de Sourches et Dondel.

Avant nous, personne ne les avait reproduites ; aussi avons-
nous cru d'autant plus intéressant de reproduire ces deux inscriptions, dans leur disposition graphique, qu'elles ne tarderont
pas, avec le temps, à devenir illisibles.

Assiduâ ad fovendum gregem sibi creditum
Præsentià,
Paternâ in pauperes charitate, dilectum se Deo et hominibus
Præstitit.
Hujus Basilicæ tecta restauravit
Eamque prætiosis ditavit ornamentis.
Xenodochium vetustate collabens
Restituit.
Domum ad puellarum institutionem
Et ad egenorum levamen erexit et dotavit
Denique
Vitam laboribus exercitam claram virtutibus,
Meliore vitâ commutavit
Tertio Idûs Februarii
Anno 1767
Sui Pontificatiis XIX,
Œtatis LXXIV.
Hoc monumentum gratus ac mœrens
Posuit
Joannes-Hyacinthus Colin de La Biochaye,
Abbas B. Mariæ de Truncheto,
Ecclesia Dolensis præcentor et Canonicus
Vic. gene & officialis.

Il est encore un autre prélat qui repose sous les dalles de la chapelle Saint-Samson, et qui n'a été indiqué ni par M. l'abbé Brune, ni par aucun autre écrivain breton. C'est Mathurin de Plederan, le restaurateur de la liturgie et de la discipline dans son diocèse, décédé le 21 décembre 1521.

Un siècle plus tard (1629), M. Antoine de Revol fut inhumé dans le même tombeau. Ces faits, que personne ne s'était occupé de remarquer avant nous, ressortent évidemment du passage suivant, que nous empruntons au *Gallia Christiana* des Frères Sainte-Marthe.

« *Ejus Corpus (Antonii de Revol) in medio sacelli*
» *Sancti Samsonis Cathedralis Ecclesiæ reconditur in*
» *Crypta inquâ Corpus Mathurini de Plederan Episcopi*
» *Dolensis quondam humatum et plumbeo loculo conten-*
» *tum repertum est.* » (Folio 569).

Par reconnaissance pour les bienfaits dont il les avait accablés, les neveux d'Antoine de Revol firent placer, à droite et à gauche de la chapelle Saint-Samson, deux inscriptions fort laudatives, flagorneuses même, et qui énuméraient fort au long les faits et gestes de l'épiscopat du prélat. L'une, qui existe encore, est gravée sur une table de marbre scellée dans le mur. Avant les dévastations vandaliques de 93, on voyait au-dessus un buste du seigneur évêque, buste dont des contemporains nous ont fait l'éloge, comme pièce de sculpture. En 1793, il fut jeté bas et malheureusement il n'a pas été rétabli. La première épitaphe est rapportée par Dom Charles Taillandier et a été reproduite par M. Tresvaux.

La seconde inscription avait été gravée sur une lame de cuivre « *æneæ laminæ* » et elle était aussi scellée dans le mur, mais du côté Nord.

Cette seconde inscription ne se trouve dans aucun ouvrage relatif à la Bretagne, mais on peut la lire à la page 569 du tome 2 du *Gallia Christiana Antiqua*.

X.

DÉVASTATION DE LA CATHÉDRALE, EN 1794.
RÉPARATIONS. — ÉTAT ACTUEL.
RÉPARATIONS QUI RESTENT A EXÉCUTER.

Certainement, ce ne serait pas sortir du cadre que nous nous sommes tracé en commençant notre travail, mais ce serait l'étendre demesurément que de prétendre à raconter en détails toutes les démolitions commises dans la Cathédrale de Dol pendant les mauvais jours de 93. — Cependant, quel sujet plus douloureusement intéressant que de représenter ces malheureux municipaux qui, chaque jour, stimulés par les réquisitoires furibonds du procureur de la commune, Juhel de La Plesse, se résignent, tout en gémissant, à prendre, par réitération, des arrêtés, pour « faire disparaître enfin tout ce qui peut » rappeler l'ancien régime et ses infâmes attributs, partout » où ils sont et où ils peuvent exister. » (1)

Il faut, cependant, leur rendre une certaine justice, à ces municipaux révolutionnaires de Dol, et constater que, malgré les excitations de l'agent national, ils ne se prêtent qu'avec répugnance aux actes de vandalisme que l'on exige

(1) Le onze fructidor, an deux, le citoyen agent national Juhel de La Plesse déclara, sur les registres de la commune, renoncer à son nom semi-nobiliaire, *de La Plesse*, et « *s'attacher désor-* » *mais* à ceux de René-François-Thimothée Juhel, nom de » naissance et de famille. » — En l'an huit, Juhel reprit sa dénomination ancienne et devint antiquaire et archéologue décidé. (Voir registre de l'an 1806).

d'eux, surtout lorsqu'ils sont de nature à compromettre la conservation de l'édifice.

Le 7 pluviôse an II, l'agent national Juhel ayant requis, conformément à l'ordre verbal du représentant Jean Bon Saint-André, et l'invitation du district, que « les grilles, fer et plomb des ci-devant églises..... » de la commune fussent enlevés et transportés à Saint-Malo, les municipaux s'exécutent sans broncher en ce qui est « des bâtiments nationaux et églises supprimées de Dol ; » mais, quand il s'agit d'appliquer cette mesure ostrogothique « à l'édifice..... ci-devant dit Cathédrale, » les municipaux se prennent à réfléchir et se demandent s'ils peuvent, en conscience, se permettre de porter une main sacrilége sur le monument qui fait l'honneur de leur cité ; ils s'arrêtent donc ; mais, ne voulant pas prendre sur eux toute la responsabilité de cette résistance d'inertie, ils envoient vers le Directoire deux de leurs collégues, les citoyens Cousin et Lair, officiers municipaux, pour savoir si « ce monument » devait, comme les autres, être dégarni de fers et plombs; » les commissaires de retour ont fait rapport que le Direc- » toire, informé de la prochaine arrivée en cette commune » du représentant du peuple Lecarpentier, se réservait de » lui exposer la marche que la municipalité doit tenir en » ce qui concerne les fers et plombs de la ci-devant Cathé- » drale ; qu'elle devait tarder à les faire enlever, jusqu'à ce » que le représentant ne lui en eût donné l'ordre..... » (Registre municipal, folio 22.)

Du reste, cette surséance ne devait avoir aucun bon résultat, car. Lecarpentier étant arrivé à Dol, ordonna l'enlèvement de tous les plombs qui recouvraient les gale-

(1) Registre municipal, folio 8 recto et verso, 9 recto.

ries, plates-formes, chenaux et arceaux de la Cathédrale. En vertu des mêmes ordres, les grilles en fer qui fermaient les onze fenêtres du bas-côté Nord furent toutes enlevées, et les ouvertures bouchées en maçonnerie de moëllon. (1)

Peu avant l'exécution des ordres du proconsul de Port-Malo, une partie de la Cathédrale avait été choisie par la société populaire pour servir aux fêtes de la Raison. (18 nivôse an II). Un autel de forme triangulaire avait été dressé au milieu de la nef, de hauteur à pouvoir servir de tribune aux harangues. (2)

L'autel de la Patrie une fois dressé, il fallait faire choix d'une déesse qui représentât aux yeux cette raison, en démence, et qui se substituait au Dieu qui lui avait donné l'être.

De concert donc avec la société populaire, la municipalité de Dol (3) choisit à cette fin une grosse jeune fille de 22 ans (O.... L......), citoyenne bien joufflue, à la jambe bien faite, aux seins fort dodus, et qui, par parenthèse, n'en était pas à regretter son temps perdu.

Ce fut assise sur l'autel dont nous avons parlé, vêtue du costume léger de l'époque, les jambes et le sein découverts, que cette réminiscence du paganisme antique reçut l'encens de ses adorateurs.

Il est bien établi, du moins, que ces libidineuses cohues n'eurent point lieu dans le sanctuaire de la Cathédrale. Et ce nous est une réelle consolation de penser que la prostitution déifiée n'envahit point l'autel où le Saint des Saints

(1) Archives municipales de Dol, fonds 4. M.

(2) Voir la note d'autre part.

(3) Les commissaires de la municipalité étaient les citoyens Lair et Moquet ; ceux de la société populaire étaient les citoyens L. Anger du Plassis, J. Poinçon, Lepoitevin et Vilalard.

avait tant de fois été offert par les vieux évêques de Dol,
pour attirer les bénédictions du Ciel sur les populations de
notre pays.

Du reste, pour n'avoir pas servi aux momeries de la
Raison, le chœur de la Cathédrale de Dol n'en fut pas
mieux traité.

En effet, la 18ᵐᵉ demi-brigade de chasseurs, ayant pris
garnison à Dol, peu après le passage des Vendéens, le
chœur lui fut donné pour servir d'écurie à ses chevaux.
Quelle profonde et amère indignation n'éprouve-t-on pas
quand, jetant un regard rétrospectif, on croit entendre encore ces animaux hennir et piaffer dans ce sanctuaire consacré au Très-Haut, et les voûtes aériennes retentir des
jurements et des blasphêmes de la soldatesque avinée !...

Après avoir servi d'écurie, le chœur fut transformé en
magasin et destiné à recevoir les blés versés pour contri-
butions en nature, ce qui dura près de deux ans. Des
étrangers, préposés à cette régie et munis d'ordres, s'emparèrent de l'Eglise et achevèrent de consommer les dévastations commencées par la soldatesque. Ils employèrent
les boiseries des chapelles à former des magasins particuliers et à fermer le devant du chœur, pour dérober au public le mélange de leur farine. Ils établirent leurs bu-
reaux dans la sacristie, dont ils firent un poulailler pour
élever de petits poulets de grains, ce qui eut pour résultat
de pourrir le plancher de cet appartement. Les vitraux de
l'Eglise, où ces bandits jouaient tous les jours à la paume,
n'eurent pas peu à souffrir de ces jeux diaboliques. Ce fut
enfin pendant ces jours si néfastes que la table de marbre
du maître-autel disparut, et que le pavé de marbre du
chœur fut brisé en plusieurs endroits. (1)

(1) Registre de la correspondance municipale, an VIII à 1807.

En présence de ces diverses destinations, aussi ignomi-
nieuses les unes que les autres, n'est-ce pas le lieu de s'é-
crier avec le roi-prophète : *Deus venerunt gentes in hæ-
reditatem tuam, et polluerunt templum tuum, et posue-
runt Jerusalem in pomorum custodiam.* (1)

Quelque peu étendus que soient les détails par nous
donnés, tant sur les attentats commis contre la Cathédrale
de Dol, que sur les ignobles usages auxquels elle fut vouée
pendant la révolution, il est facile de se représenter en
quel affreux état elle se trouvait lorsqu'elle fut restituée au
culte au mois de floréal, an XI.

Un devis dressé à cette époque, par l'ordre de la municipalité, portait à 9,424 francs les réparations urgentes et
indispensables à effectuer. Ce devis était bien réduit, sans
doute, surtout quand on saura qu'un autre devis, dressé
en 1838, c'est-à-dire plus de trente-cinq ans après, portait
à plus de 60,000 francs les travaux de restauration. Du
reste, quelque restreint que fût le devis de l'an XI, il ne
fut rempli que très-imparfaitement, la commune étant
dans un dénuement complet, et les secours qu'elle put obtenir, si même elle en obtint, n'étant pas suffisants pour
parer à ces réparations indispensables.

Aussi les dégradations commises en l'an II, et surtout
l'enlèvement des plombs, ne tardèrent-ils pas, avec le
temps, à produire les plus funestes résultats. Les eaux plu-
viales et surtout les neiges de l'hiver, qui fondaient lente-
ment dans les galeries, dépouillées de leur garniture de
plomb, pénétrèrent de toutes parts dans les gros murs, les
imprégnèrent tellement d'humidité, qu'on vit bientôt croî-
tre dans les joints des mousses, des plantes de toute espèce,

(1) Psalm. LXXVIII, verset premier.

même des arbustes, dont les racines déplaçaient les pierres de l'édifice. L'eau, pénétrant de toutes parts dans l'intérieur de l'Eglise, pourrit les mortiers des joints et fit graduellement tomber les enduits des ogives, des vitraux et des voûtes, des nefs et des chapelles. A la place des enduits, on vit peu à peu apparaître une teinte verdâtre et dégoûtante. Enfin, on ne tarda pas à remarquer à plusieurs voussures des lézardes qui faisaient craindre pour la conservation de l'ancienne Cathédrale, si l'on ne portait promptement remède à un tel état de choses, qui se prolongea cependant jusqu'en 1820 et même un peu au-delà. (1)

C'est dans cette situation que la ville de Dol fit de nouveau dresser un devis général des dépenses à faire pour opérer toutes les grosses réparations, et mettre ainsi l'édifice en état de simple réparation. Ce devis, du premier novembre 1820, montant à trente mille francs, servit de base à une adjudication assez considérable, faite aux frais de la ville de Dol, pour pose de plomb sur les parties les plus dégradées ; pour réparations très urgentes aux charpentes et couvertures. De son côté, la fabrique fit recrépir et *badigeonner tout l'intérieur*. Ces divers travaux eurent lieu de 1821 à 1826, et, bien que considérables pour les ressources très-faibles de la commune et de la fabrique, les fonds qui furent dépensés étaient de beaucoup insuffisants pour arrêter la ruine dont l'édifice était menacé, ils ne pouvaient que pallier le mal. Aussi l'administration

(1) Devis de M. Jacques Deslignières, — 1820, — archives de la Mairie de Dol, fonds M. 4.

7.

municipale (1) n'épargna-t-elle aucune démarche auprès
du ministère des affaires ecclésiastiques, qui accorda, au
nom du gouvernement, dans les années 1826 et 1827,
une somme totale de 8,500 francs.

Ce secours, joint aux dépenses locales dont il a été parlé
plus haut, permit de faire disparaître les plus grosses dégradations des murs et des couvertures. Un nouveau fonds
de 6,000 francs fut accordé sur les exercices de 1828,
1829 et 1830, et fut employé à la même fin.

Mais c'est surtout sous le gouvernement de 1830 à 1848
que d'importantes restaurations ont été faites à la Cathédrale de Dol. Sur le rapport de M. Prosper Mérimée,
présenté au ministre de l'intérieur en 1836, elle fut classée
parmi les monuments « qui....... méritaient l'attention du
» gouvernement, comme intéressants, tant par leur va-
» leur propre, que par leur importance pour l'histoire
» de l'art. »

Dès l'année suivante, un architecte de Rennes reçut
mission d'examiner en détail l'état et les besoins de l'édifice, et de dresser pour la dixième fois, peut-être, un devis
de réparations les plus urgentes. Sur la communication de

(1) La ville de Dol, à cette époque, était administrée par
M. Julien Le Jamptel, dont le souvenir vivra dans la mémoire
des habitants de Dol, aussi longtemps que dureront ces charmants
boulevards où nous allons respirer l'air embaumé de la cam-
pagne, et dont il provoqua l'appropriement, avec cette volonté
persévérante et tenace qu'il mettait à tout.

Ce ne fut pas, du reste, le seul bienfait de son administration ;
nous pourrions encore citer, parmi beaucoup d'autres, l'acquisi-
tion de l'hôtel du Gros-Chesne, sur l'emplacement duquel l'administration actuelle vient de faire élever le nouvel hôtel-de-ville.
(Voir registre de la correspondance municipale, de 1821 à 1826,
fonds D.)

ce projet, montant à environ 60,000 francs, le conseil municipal de Dol vota, en 1837, un premier fonds de 2,000 francs, et le conseil général un de 3,000. Le ministre de l'intérieur et celui des cultes fournirent, en deux années, chacun 5,000 francs, en tout 15,000 francs, avec lesquels on commença à rétablir ceux des ouvrages dont la dégradation était le plus menaçante. On restaura notamment les balustrades extérieures et les colonnettes de la nef et des transepts.

Lorsqu'éclata la révolution du 24 février 1848, le chiffre de dépense des restaurations se montait à 51,000 francs, dans lesquels la ville de Dol avait contribué pour 18,000. Aussi la vieille Eglise commençait-elle à renaître de ses ruines.

Depuis dix ans, environ, les travaux de restauration de la Cathédrale de Dol ont été complètement interrompus. Cette interruption est fort regrettable, car le devis de 1837 n'est pas complètement rempli. Je signalerai, entre autres, ce majestueux portail qui est à l'entrée des transepts, et dont on devait rétablir les meneaux et les sculptures, de tout quoi rien jusqu'ici n'a été refait.

Aussi, en terminant cette notice, déjà si longue, mais pourtant trop courte, à notre gré, nous formons des vœux pour que le gouvernement impérial achève les travaux qui ont été commencés. Nous avons d'autant plus lieu de l'espérer, que, dans son discours du 29 novembre 1852, Napoléon III, répondant au président du corps législatif, disait : « Non seulement je reconnais les gouvernements » qui m'ont précédé, mais *j'hérite,* en quelque sorte, de » ce qu'ils ont fait de *bien* ou de mal....... »

(1) Archives de la Mairie de Dol, — fonds M. 4.

Espérons donc que le digne magistrat qui dirige aujourd'hui si habilement le département d'Ille-et-Vilaine (1) accueillera avec faveur les réclamations de l'autorité locale, et, à l'exemple de ses prédécesseurs, voudra bien attirer l'attention du gouvernement de l'Empereur sur un édifice, l'un des plus complets et des plus remarquables que l'art gothique, dans son premier développement, ait laissé en **France**, et dont la ruine, si elle n'était prévenue à temps, serait une honte pour le dix-neuvième siècle.

15 septembre 1858.

(1) M. P. Féart.

DEUXIÈME PARTIE.

LES RUES DE DOL.

REVUE HISTORIQUE.

LES RUES DE DOL.

I.

CHATEAU. — FORTIFICATIONS. — REMPARTS.

Aujourd'hui, l'emplacement de l'ancien Château de Dol est à peu près au centre de la ville, bien qu'il tire vers le Nord. Mais, lorsque le Château existait dans sa splendeur, il ne s'y trouvait pas. Alors la ville proprement dite s'étendait de la porte Saint-Michel à la porte Notre-Dame, et ainsi le Château se trouvait à l'une des extrémités. Pour se convaincre de la rigoureuse exactitude de notre assertion, il suffira de consulter avec deux bons yeux le plan de Dol, dressé en 1693 par l'architecte Picot.

Dans les chroniques du Moyen-Age, aux onzième et douzième siècles, le Château de Dol est désigné sous le nom de « *Turris Doli.* » Ces mentions historiques prouvent son existence authentique à ces époques. (1)

Quant à son origine, M. Marteville, dans ses annotations sur *le Dictionnaire de Bretagne*, semble la faire remonter jusqu'au temps des Romains. C'est ce qui résulte d'un passage où l'annotateur a écrit que c'est à cette époque qu'il faut « rattacher..... une partie des anciennes mu-

---

(1) Dom Morice, *Preuves de l'Histoire de Bretagne*, t. I, pages 129-133. — *Chronique de Robert de Thorigny*, abbé du Mont, *ad annos* 1075 et 1164.

» railles, qui ont été détruites en 1840, et dans lesquelles
» on a trouvé à cette époque une médaille en grand bronze
» de Jules-César, admirablement conservée..... »

Le fait de l'invention de cette médaille est constant; dès
lors il n'y a pas lieu de le discuter. Mais, à part ce premier
fait, les assertions contenues dans la citation précédente
sont toutes inexactes. Nous allons donc rétablir les détails
de cette trouvaille, d'après une lettre de l'administration
municipale de Dol, écrite au préfet du département à la
date du 23 mai 1839.

C'est au mois de mai 1839 que la médaille mentionnée
par M. Marteville fut trouvée, dans la basse-cour du collége, en face du petit escalier de pierre qui introduit dans
les caves de l'édifice, qui auparavant 89 était le palais
épiscopal.

Cette médaille fut recueillie par des ouvriers employés à
l'enlèvement de décombres qui formaient le sol de cette
basse-cour. On ne remarqua rien d'extraordinaire aux
environs du lieu où cette médaille fut découverte. Elle
était, d'ailleurs, presque à fleur de terre. (1)

Tel est, en quelques mots, le résumé exact de la lettre
écrite par le maire de Dol au préfet du département, en
lui envoyant la médaille que celui-ci avait réclamée.

Comme on le voit, il n'est aucunement question de
murailles détruites en 1840, comme le dit M. Marteville.
Quant à la provenance des décombres où fut trouvée la
médaille, c'est ce que nous allons présentement examiner.

Avant la construction de l'évêché, qui sert aujourd'hui
de collége communal, il existait un Château-fort, celui-là
même qui fait l'objet de cet article, et dont les construc-

(1) Archives de la Mairie de Dol, — D. 31.

tions intérieures couvraient tout l'espace qui est actuelle-
ment en basse-cour. Ce Château fut démoli en 1753-54, et
le nouvel édifice, tel qu'il existe, fut construit sur un
emplacement plus rapproché de la Cathédrale. Alors on
combla les caves et les souterrains de l'ancien Château au
moyen des déblais provenant des démolitions de la citadelle et aussi d'ailleurs.

Ainsi la médaille de Jules-César découverte en 1839,
dans les déblais de la basse-cour, pouvait y avoir été
apportée de très-loin, par suite d'une foule de circonstances, toutes aussi probables les unes que les autres.
La trouvaille de cette médaille dans l'intérieur de l'ancien
Château ne peut donc, en aucune manière, prouver que
l'origine de ce Château remonte jusqu'au temps de la
domination romaine.

Alors s'écroule tout l'édifice de suppositions et d'hypo-
thèses bâti par M. Marteville.

L'ancien Château de Dol, en y comprenant ses fossés et
fortifications extérieures, couvrait l'emplacement du collége actuel avec toutes ses dépendances, et, de plus,
divers espaces au Nord et l'emplacement du passage de la
Trésorerie.

Ce Château fut démoli en 1753-54, sous l'épiscopat de
Monseigneur Jean-François Dondel, lequel en obtint l'autorisation du roi, s'il faut en croire le municipal Juhel de
La Plesse, ou qui peut-être y fut contraint. Pendant les
démolitions, un pauvre diable, nommé Gilles Bachelot,
maçon de Vildé-Bidon, périt sous les décombres ; il était
âgé de cinquante ans.

Ce n'est pas chose facile que de vouloir donner une
idée un peu exacte de l'importance et de l'étendue de

notre ancienne citadelle, comme l'appelle l'abbé Deric ; néanmoins, nous allons essayer de localiser les principaux points.

Du côté du Midi, le mur de clôture formait, comme aujourd'hui, le point d'appui des maisons qui sont au Nord de la rue de Wagram. Ces maisons, je voulais dire ces mauvaises baraques, sont fort anciennes et en même temps très-hideuses. Elles rétrécissent considérablement cette rue, qui aurait un urgent besoin d'être élargie. Cette désirable innovation pourrait être facilement obtenue par la démolition de l'ancien mur du Château, qui est une propriété communale. On pourrait ensuite élargir la rue en prenant sur la basse-cour du collége. *Fiat igitur !*

A l'Est, l'enceinte faisait, comme aujourd'hui, un angle rentrant, très prononcé. L'une de ses extrémités allait retomber jusqu'au milieu du passage actuel de la Trésorerie. C'était là que s'élevait ce fameux donjon bâti par Thibault de Moréac, suivant le récit du P. Albert-le-Grand, qui en donne une description de *visu*. (Catalogue, page 288.)

« C'estoit, dit-il, une très-forte pièce, elle avait trois » estages, le premier estoit quarré, le second estoit octo- » gone ou de huit faces, le troisième estoit rond, decou- » vert par le haut en plate-forme. » (1)

Du donjon, l'enceinte se recourbait d'une manière sensible dans la direction du petit porche de la Cathédrale,

(1) Le donjon et le fossé qui le circuitait occupaient toute la partie inférieure du passage de la Trésorerie. La petite rue de la Licorne n'existait pas. Pour arriver à la Cathédrale, on passait par la Cour-aux-Chartiers et l'on suivait le bord du fossé qui entourait le Château.

ce qui laissait un espace assez vaste pour arriver au grand porche. (1)

L'entrée du Château se trouvait au Nord, tout-à-fait en face du petit porche. (2) La porte principale était entourée de fortifications qui, d'un côté, se portaient jusqu'au petit porche, et, de l'autre, jusqu'au pied de la tour, tout en laissant cependant un petit passage pour pénétrer sur la place de la *Posterne*, située entre la Cathédrale et le mur de circonvallation de la ville.

Dans l'intérieur de l'enceinte du Château, il y avait deux principaux corps de bâtiments allant de l'Est à l'Ouest, et séparés l'un de l'autre par une galerie qui allait vers l'entrée principale. Comme nous l'avons dit précédemment, ces bâtiments occupaient tout l'emplacement de la basse-cour actuelle. A l'Est de ces bâtiments était la grande tour du donjon, dont il a été parlé un peu plus haut.

Maintenant, nous allons parler des fortifications qui formaient la clôture du Château du côté de l'Ouest, puis nous ferons, plutôt en esprit qu'en réalité, le pourtour de nos anciens remparts.

Du mur occidental du Château, il subsiste encore une partie, qui se prolonge jusqu'au jardin actuel du collége et est fort reconnaissable à sa dentelle de créneaux dans les

(1) Le fossé qui entourait le mur d'enceinte du Château suivait la direction oblique de ce mur. Ce fossé couvrait la plus grande partie de l'emplacement actuel du haut de la Trésorerie, de sorte que les bords du fossé s'étendaient en partie sur l'emplacement des jardins et des maisons qui bordent cette rue à l'Est.

(2) Dans les registres de l'ancienne paroisse du Crucifix, on lit : « .... Le petit portail qui conduit au Château, » *ad annum* 1688.

interstices desquels ont poussé des arbustes et des plantes parasites. Les oiseaux du ciel nichent dans les embrasures de la forteresse qui fut autrefois assiégée par Guillaume-le-Conquérant et Henri de Plantagenet.

Autrefois, comme aujourd'hui, ce mur de clôture suivait les contours du terrain, et dans son prolongement il rencontrait *la Tour du Château* qui se dressait là où est la tonnelle circulaire du jardin, — puis la *Tour au Lutin*, élevée à l'angle Nord-Ouest de la tour Nord de la Cathédrale. (1)

Entre ces deux tours, mais plus près de la seconde, vis-à-vis et à douze mètres de la grande porte de la Cathédrale, (2) s'ouvrait *la Posterne du Château*, par où l'on descendait à la Lavandrie, en passant sur un pont jeté sur le fossé.

Le mur, se contournant ensuite, renfermait la basilique

(1) Une douve très large et semblable à celles qui existent encore ceignait le pied du mur occidental depuis la *Tour de la Prison* jusqu'à celle *du Château*. Les eaux qui descendaient de la ville s'arrêtaient en cet endroit sans en pouvoir sortir, et se mêlaient aux « vidanges » que les voisins jetaient nuitamment dans le *cloaque*, comme on l'appelait. De ce mélange impur, il résultait un limon noir et fétide qui infectait l'air et causait des maladies dangereuses. Un arrêt du conseil du 10 juin 1762 autorisa la communauté de Dol à combler cet infect cloaque, en y jetant *l'Eperon, dit de la Porte d'Embas*, lequel séparait le *faubourg de la Boulangerie* du reste de la ville.

(2) Dans le cintre qui est au-dessus de la grande porte il existait, avant la révolution de 93, une statue de la Sainte Vierge placée derrière une vitrine. On la désignait vulgairement sous le nom de *Notre-Dame de la Posterne*, parce que, effectivement, elle faisait face à la Posterne. On allait en pèlerinage à cette madone pour retrouver les objets égarés.

de Saint-Samson. *Une tour, dite de Saint-Samson*, existait à l'encoignure de la chapelle de la Vierge. Tours, murs, poterne ont disparu. Les fossés de la *Posterne* furent comblés en 1754. La muraille qui longeait la Cathédrale fut démolie en 1760 et les matériaux servirent à reconstruire l'hôpital.

C'est à cette même époque que fut construit le mur de clôture qui joignait la chapelle Saint-Samson, et qui a été démoli en février 1854, afin d'isoler complètement la Cathédrale.

De la tour Saint-Samson, en continuant l'enceinte des murailles de la vieille cité, on trouvait *la tour de la Motte ; grande tour des Carmes ; petite tour des Carmes* (ruinée), — et enfin la porte d'Enhaut ou *porte Saint-Michel.*

De la porte d'Enhaut, en tournant au Midi, on rencontrait la *tour Saint-Michel* (ruinée), *tour du Presbytère, tour des Bas-Celliers, tour de la Barcane, tour des Bourgeois*, (1) (à demi-ruinée), et enfin *la tour de la Prison* et *la porte d'Embas* ou *Notre-Dame.*

Les portes d'Enhaut et d'Embas de la ville de Dol ne disparurent entièrement qu'en 1784. Mais, dès le 19 juillet 1782, on avait mis en adjudication la démolition du couronnement de la porte d'Embas, ainsi que des murs et parapets à gauche, en sortant ; même des trottoirs existant des deux côtés de ladite porte et conduisant de ladite porte aux faubourgs de la Boulangerie et de la Lavandrie.

Le 18 juin 1784, on mit en adjudication la démolition des portes d'Enhaut et d'Embas et des deux cavaliers qui

(1) C'était sur cette tour qu'étaient placés les canons que l'on tirait dans les circonstances solennelles.

étaient au-devant de ces portes. Cette adjudication fut approuvée par ordonnance de l'intendant du 16 juillet suivant.

II.

GRAND'-RUE. — DOS-D'ANE. — POMPE.

Il y a de la Grand'Rue de Dol une description écrite en 1836 et publiée à la page 108 de l'ouvrage intitulé *Notes d'un Voyage dans l'Ouest de la France.* Il y a bien des « étourderies » dans ce livre, ainsi que l'a fait très judicieusement observer notre compatriote, M. Guillaume Le Jean. Etourderie, par exemple, quand le voyageur officiel vient nous débiter que « l'ancienne église des Carmes sert aujourd'hui de halle au blé, » quand, à cette époque, il y avait déjà plus de trente ans que cette église avait été démolie. Etourderie, encore, quand il affirme — que les piliers qui soutiennent les porches de la Grand'-Rue « proviennent, pour la plupart, d'édifices considérables, détruits depuis un siècle, au plus, » — « qu'on n'avait absolument rien trouvé » sous la pierre du Champ-Dolent, lors des fouilles exécutées en 1801, etc., etc., etc., etc. (1)

(1) Toutes ces inexactitudes ont été reproduites dans la nouvelle édition du *Dictionnaire Historique et Géographique de Bretagne* (tome 1, p. 251 et suivantes), publiée par M. A. Marteville, même l'éditeur de cet ouvrage a surenchéri, comme quand il dit, à propos des porches : « Quelques-unes de ces colonnes provenaient, dit-on, de la Cathédrale qui existait avant celle » d'aujourd'hui.

L'ancienne édition du *Dictionnaire de Bretagne*, éditée en 1778,

Ces réserves faites, je dirai hautement que la description sus-mentionnée est la meilleure qui existe, et que tout le monde l'a analysée ou copiée. Quant à nous, nous ne la reproduirons pas ici, parce que chacun pourra la lire dans l'ouvrage où elle se trouve et qui est assez commun.

Toutefois, écrite il y a plus de vingt ans, cette description était alors exacte : aujourd'hui, elle ne l'est plus, tant les démolitions vont vite et prennent une progression rapide. Sauf quatre à cinq, qui existent encore, (1) tous les autres porches ont disparu. C'est un malheur pour l'archéologie locale. Mais il faut dire que cette considération, puissante sur quelques âmes d'élite seulement, est sans

contenait, à l'article DOL, plusieurs erreurs qui ont été conservées dans la nouvelle, et de plus se sont augmentées de beaucoup d'autres, empruntées à diverses publications, dont les assertions auraient eu besoin d'être passées à un contrôle sévère.

Dans l'intérêt de la vérité historique, nous nous sommes appliqués, avec le plus grand soin, à rechercher toutes les inexactitudes des divers ouvrages où il est question de Dol. De cette manière, nous sommes parvenus à réunir les éléments de nombreuses rectifications : bon nombre ont déjà paru ; nous les continuerons dans la suite de notre mémoire.

(1) Parmi ceux qui restent, on peut citer celui qui est à l'entrée de la Cour-aux-Chartiers, et celui qui fait l'encoignure de la rue des Chantres (ou des Perrons), où il y a une colonne délicieusement évidée.

Citons encore le porche de la maison des *Voûtes*, qui est au haut de la Grand'-Rue, et qui se distingue par ses massifs *piliers romans*, usés par les siècles, et ses arcades en retrait.

On pourrait signaler, pour les mêmes raisons, la maison de *la Boussinière* ou *Grisardière*, contiguë à celle des Voûtes ; mais, depuis douze ans, le porche a été masqué par une devanture qui empêche d'apercevoir les piliers, qui, du reste, sont semblables à ceux qu'on peut examiner tout auprès.

autorité aucune sur le plus grand nombre, qui, absorbé par son petit négoce, livré à son commerce et à ses intérêts, goûte infiniment peu les souvenirs historiques, et voit très indifféremment les choses en leur état actuel, sans jamais s'inquiéter de ce qu'elles ont pu être dans le passé.

Entre tous ces fragments du Moyen-Age qui existent encore à Dol, il faut mettre au premier rang la maison des PETITS-PALLETS, (1) et non pas des Plaids, comme on l'a dit et ignoramment répété, sans s'enquérir de l'exactitude de cette dénomination.

Cette relique du passé, déjà signalée en 1836, l'était une seconde fois, en 1843, par le *Nouveau Dictionnaire de Bretagne*, qui le premier l'a appelée la maison des Plaids, et prétend que c'était là que se rendait la justice. Ecoutons du reste M. Langlois, auteur de la susdite description (t. 1, p. 251) : « Trois baies, placées au premier
» étage, sont, dit-on (quelle preuve qu'un *dit-on*), les
» ouvertures par lesquelles les jugements étaient procla-
» més. L'une était destinée aux grands jugements, l'autre
» aux petits jugements, la troisième, aux jugements cri-
» minels. »

Ici, je ferai une petite question. — Si tous les jugements grands et petits étaient proclamés du haut des baies de la maison des Petits-Pallets, — à quel usage pouvait servir la maison des GRANDS-PALLETS, aujourd'hui séparée de la première par la cour du *Quengo*, mais qui, autrefois, pouvait lui être contigüe ? — Ne serait-il pas convenable de partager la publication des jugements entre les deux

(1) Actes de transmission. — Acte de 1643. — Registres capitulaires.

Pallets ? Quant à moi, j'estime qu'avant d'indiquer l'usage de ces *baies*, M. Langlois aurait dû servir quelque document qui eût bien ostensiblement prouvé l'usage auquel il veut que sa maison des Plaids ait servi. Pour mon compte, et jusqu'à preuve du contraire, je conteste énergiquement que la maison que j'appelle des *Pallets* ait jamais été le sanctuaire de la justice.

Maintenant j'ouvre un aveu présenté à la chambre des comptes de Bretagne, par l'évêque Charles d'Espinay, en 1575, et au folio deux, verso, je lis : « Et y a en ladite » ville de Dol, *trois cohues*, l'une en laquelle est *l'audi-* » *toire où s'exerce* la juridiction temporelle dudit évêché, » au-dessous duquel auditoire se vend du bled aux jours » de foire et marché...... »

Nous venons d'administrer nos preuves : que nos détracteurs en fassent autant, et qu'ils démontrent, s'il est en leur pouvoir, que la justice a été, à une époque précise, rendue dans la maison des *Petits-Pallets*. Mais nous faisons remarquer que ce sont des preuves valides que nous exigeons, et non de grosses plaisanteries, telles qu'on a eu « la courtoisie » de nous en adresser.

Plusieurs autres maisons, situées tant dans la Grand'-Rue que dans d'autres, doivent être pareillement mentionnées, soit à cause de leurs noms, soit à cause des redevances singulières auxquelles elles étaient astreintes au temps de la féodalité.

Dans la rue de la Boulangerie, la maison de *La Truye-qui-File*, appartenant à Jacques Hamelin, dit *Fesse-Noire*, devait à la Maison-Dieu de Dol « *cinq sols, pour la* » *chandelle de la minuit de Noël*, » à cause de la fondation de Léonard Beaumesnil, faite en 1615.

8

Au seizième siècle, la maison du *Paradis,* appartenant à M. Etienne Lecorvaisier, devait à l'évêque de Dol « *cinq sols, une corvée.* » Une autre, sise « *près le château,* » devait « *une corvée de fanage, un saucier de bois* à chacune nouvelle entrée d'évêque, et le devoir de bouteillage. » La maison de la *Tête-Noire* devait « *trente sols, une livre de poivre et une corvée;* » enfin, celle appelée *le Cheval-Blanc* devait encore « *trois corvées, une livre d'amende.* » (1)

L'emplacement du *Dos-d'Ane,* que nous voyons si spacieux à cette heure, et où nos sommités doloises se promènent, causant politique et affaires, était, avant 1794, couvert par divers établissements que nous allons rapidement énumérer ici.

On y trouvait la *Croix-aux-Pigeons,* (2) grande croix de pierre, élevée vis-à-vis la maison du *Grand Cheval-Blanc* (aujourd'hui auberge Picard); puis, en descendant la boucherie, (3) les quatre pots *de la Vergue,* (4) la cohue au blé, et, à la suite, en face la rue des Chantres, la fontaine publique, établie par la communauté en 1620, et, par conséquent, longtemps avant Matthieu Thoreau, à qui on voudrait en faire honneur, mais sans raison.

(1) Aveu de Charles d'Espinay, évêque de Dol, 1575. Voir *Dol et ses alentours, histoire politique et municipale,* 1854, in-8°, page ....

(2) C'était autour de cette croix que se groupaient les marchands de pigeons; *indè nomen.*

(3) A l'endroit de la maison des *Petits-Pallets,* nous avons donné un extrait de l'aveu de Charles d'Espinay, qui prouve l'existence de trois cohues; mais il n'y en avait que deux sur le Dos-d'Ane, nous indiquerons plus loin où se trouvait la troisième.

(4) Voir ci-dessous, § II, § IV.

Cette masse de constructions présentait un aspect hideux, interceptait l'air, et, en outre, la circulation était si difficile tout autour, que le samedi, jour de marché dès le onzième siècle, peut-être, mais bien certainement depuis le quinzième, on était obligé de remiser les charrettes dans un espace intérieur qui, de cet usage, a retenu le nom de *Cour-aux-Chartiers.* Les cohues et tous les magasins qui les accostaient furent démolies en l'an II (deux), par arrêté de Le Carpentier, du 15 floréal, pris sur une requête de la société populaire et montagnarde, signée : *Corbinais,* président, *Fristel,* commissaire. Un sieur Julien Guincheu resta adjudicataire de la démolition pour la somme de 2,425 livres en assignats. La commune ne se réserva que la campanile qui était au-dessus de la cohue au blé.

Cette situation des cohues (en latin du bas âge, *cohuæ*) au cœur de la cité, y avait fait affluer les tavernes et les cabarets (on ne connaissait pas les cafés, alors), lieux bénis de tout temps à Dol, qui, comme on le sait, produit pas mal de cidre, que l'on pourrait appeler, avec le curé Rabelais, « *la benoîte purée septembrale.* »

Ainsi, du côté Midi, on retrouve à partir du dix-septième siècle, auprès de la maison des *Petits-Pallets,* les *Trois-Pigeons*; un peu au-dessus, en remontant, *le Grand Pot-d'Etain, le Gros-Chesne, le Pignon-Blanc, le Croissant, l'Image du Petit-Saint-Martin ;* au-dessus encore, *le Petit Cheval-Blanc* et *le Grand Cheval-Blanc, la Petite Tête-Noire* et *la Grande Tête-Noire ;* du côté nord, *l'Image Saint-Michel, la Croix-Verte, le Petit-Paradis, le Pilier-Blanc, le Pilier-Rouge, le Grand-Croissant* et *le Petit-Croissant, la Grande-Trotellière.*

A propos du *Pot-d'Etain*, il y a une joyeuse historiette, par nous retrouvée dans les poudreux registres du chapitre de Dol, à la date de 1662. La parole est laissée au secrétaire de *Messieurs du vénérable Chapitre*, suivant la féodale expression.

« *Du vendredi 13 octobre 1662.*

» Le mardy 26 dudit mois de septembre, durant les sons des vespres dudit jour, ledit JOUSSELIN, sortant d'une maison voisine du cabaret nommé *Pot d'Estaing (sic)*, d'où il venoit de faire la débauche et estant fort espris de vin se seroit détaché de sa compagnie, appercevant non loin de là messire Pierre Gillouaye, prêtre habitué en cette église, qui prenait son chemin pour se rendre à vespres, et l'ayant abordé avec deux verres vides à une main, et saisy par le bras de l'autre, auroit fait effort de le mener boire avecque luy, dequoy ledit Gillouaye s'estant voulu excuser sur l'obligation de se trouver à vespres, et taschant de se defaire de luy, ledit Jousselin l'auroit enfin laissé après luy avoir donné sur la joue, l'appelant *bigot et hypocrite*, ensuite de laquelle action, faite en pleine rue et à la vue de plusieurs personnes, ledit Jousselin estant venu à vespres et s'estant placé proche ledit Guillouaye, il aurait continué à le maltraiter de paroles injurieuses, de menaces et autres paroles : *que l'evesque ni le chapître ne le pouvoient exempter des coups de baston qu'il luy donneroit.* Ce qui auroit obligé ledit Gillouaye à se retirer d'auprès dudit Jousselin, lequel durant le reste de l'office, fist si bien paroistre, aux yeux du chœur, le honteux estat auquel il estoit, que M. le Chantre, l'ayant rencontré au sortir de l'église, crut avec raison ne se pouvoir dispenser de luy remonstrer le scandale qu'il venoit de causer, de quoy ledit Jousselin auroit fait si peu de compte, que partant brusquement, comme un homme transporté de colère, et estant entré dans sa maison, il serait aussitost sorty en soutane devant sa porte, tenant une espée nue à la main, jurant et menassant avec tant d'insolence et d'emportement, que, perdant toutte sorte de respecte, il auroit eu l'audace de quereller ledit sieur de Corbeau, qui passoit par la rue, et de luy crier avec injures que s'il avençoit davantage, il ne l'espargneroit pas, ce qu'ayant esté fait à la vue de M. le Chantre et de quelques autres de mesdits sieurs, ils auroient à l'instant envoyé les appariteurs et sergents de la juridiction de céans, pour arrêter ledit Jousselin et empescher les desordres qu'il estoit capable de commettre, à laquelle fin lesdits sergents advancez vers le logis de Jousselin, et luy s'estant retiré, fermé sa porte et monté dans sa chambre, il aurait en même temps, par la fenestre, jetté à deux mains une grosse pierre sur la teste de l'un d'iceux, duquel coup il l'auroit couché par terre et blessé si grièvement, qu'il est encore presentement entre les mains des chirurgiens. Ensuite de quoy ledit Jousselin prenant l'épouvante et la fuite, et s'estant jetté par dessus les murs de son jardin dans celuy d'un marchand de cette ville, passant à travers sa maison et la *Grand'-Rue* l'espée à la main, au scandale et à l'estonnement de plusieurs personnes, se seroit enfin réfugié dans ledit cabaret du *Pot-d'Estaing*, d'où estant sorty sur les six heures du soir, au mesme équipage qu'il y estoit entré, traversant la ville et suivy de loin de quantité d'enfants et de *petite canaille*, que la curiosité de voir un prêtre dans un estat si extraordinaire faisoit aller après luy, il seroit revenu dans la *rue Ceinte*, auquel lieu ayant esté de rechef rencontré par mondit sieur le Chantre et deux ou trois autres de mesdits sieurs, ils l'auroient désarmé de son espée et fait conduire, pour plus grande seureté et obvier à quelque plus funeste accident, dans le palais épiscopal, où voyant qu'il continuoit en ses extravagances, l'on auroit esté obligé de le renfermer en une chambre à part jusqu'au lendemain 27 dudit mois, que, par délibération capitulaire, il auroit esté transferé *par emprunt* aux prisons ordinaires de cette ville....... (1) »   AUTIN, secrétaire.

C'était dans la Grand'-Rue, vis-à-vis la Cohue au Blé, dans la maison du *Petit-Paradis,* que demeurait Arnauld Caperan, le dernier imprimeur à Dol. C'est là qu'il fournit sa besogneuse et pénible carrière : pauvre il avait vécu, pauvre il mourut, car, non plus qu'à bien d'autres, l'insolente et capricieuse fortune ne lui sourit jamais. (2)

A la suite de la Grand'-Rue est l'ancienne rue du *Château,* dont le nom vient évidemment du voisinage du Château, dont les murs extérieurs du Midi formaient et forment encore un des côtés de cette rue. Aujourd'hui, sa dénomination officielle est : *rue de Wagram* ! Pourquoi ? Je n'en sais rien. Aussi me permettra-t-on de dire ici, sans détour, qu'il serait tout aussi national, et surtout infiniment plus rationnel, de substituer le nom de *rue Toullier,* puisque c'est au haut de cette rue, dans la maison des *Trois-Bécasses,* portant la date de 1617, qu'est

(1) Archives départementales, fonds 5, g. 2.

(2) Voir notre *Histoire de l'Imprimerie en Bretagne,* in-8, 1857, pages 5, 6 et 7, et encore pages 47, 48, 49, 50, 51 et 52.

Julien-Guillaume Mesnier, prédécesseur immédiat de Caperan, était né à Dol, où son père exerçait avant lui la profession d'imprimeur. Après la mort de Julien Mesnier, sa veuve se remaria avec Caperan. (15 juin 1750.)

né, le vingt-un janvier 1752, maître Charles-Bonaventure-Marie TOULLIER, l'un des plus célèbres jurisconsultes du dix-neuvième siècle, l'auteur universellement connu du *Droit Civil Français*.

Toullier mourut à Rennes, le vingt-deux septembre 1835, à l'âge de près de 84 ans. Cette ville intelligente et amie des lettres a fait placer son portrait à la bibliothèque publique, dans la salle de droit, et lui a fait élever une statue qui décore l'entrée du palais de justice. Bien plus, si, en mourant, le vieux doyen n'eût exprimé un désir contraire, ses restes mortels eussent été inhumés dans les caveaux réservés du cimetière communal. Mais Toullier voulut être inhumé auprès de sa fidèle épouse, si indulgente envers lui, fidèle, du reste, à sa devise favorite : *Plebeius moriar*, je mourrai plébéïen.

III.

HALLES OU COHUES. — AUDITOIRE. — GREFFE. POTENCE. — PRISONS.

Anciennement, et suivant qu'il a été dit ci-dessus, plus amplement, la Boucherie ou Cohue à la Viande et la Cohue au Blé occupaient la majeure partie du *Grand Dos-d'Ane*. (1)

(1) Voir § II, Grand'-Rue. — Dans un aveu présenté en 1575 à la chambre des comptes de Bretagne, par Charles d'Espinay, évêque de Dol, on lit ce qui suit : « Et y a en ladite ville de Dol » trois Cohues, l'une en laquelle est *l'auditoire où s'exerce* la » juridiction temporelle dudit évêché, au-dessous duquel audi- » toire se vend du bled aux jours de foire et marché.....

» *Item*, une autre Cohue, appelée *la Boucherie*, où se vend,

Au-dessus de la Cohue au Blé était une grande salle où s'exerçaient la juridiction de Dol et les autres juridictions cataloguées par le bonhomme Ogée, qui a cru faire une pointe d'esprit en appelant, par ironie, sans doute, l'humble auditoire de Dol « *Palais de Justice.* » Outre la salle d'audience, il y avait encore la salle du conseil.

Quant au greffe, il se tenait chez le greffier. En 1767, on le voit dans la rue de la Poissonnerie, chez Placide Dupré ; et, en 1774, dans la rue Ceinte, chez Augustin-Joseph Dupuy de Saudray.

Entre les deux Cohues, et dans toute la largeur de l'hôtellerie du *Gros-Chesne,* avait été ménagé un espace à peu près carré, où se faisaient les exécutions capitales par strangulation.

Monsieur Arthur Lemoyne de La Borderie, jeune bourgeois de Vitré, affirme, avec ce ton tranchant et sentencieux que tout le monde se plaît à lui reconnaître, que les fourches patibulaires étaient toujours situées hors des villes , « *du moins en Bretagne.* » *(Mélanges d'Histoire et d'Archéologie Bretonnes,* tome II, p. 30.)

Nonobstant cette décision, promulguée avec non moins

» par détail, la viande, et plusieurs autres marchandises, qui est » affermée, chacun an, deux cent livres tournois.....

» Et l'autre Cohue est où se vend, par détail, le poisson et » autres marchandises, affermée, chacun an, dix livres.... »

Le poids public, appartenant à l'évêque, était établi, en dernier lieu, en la maison du *Grand Pot-d'Etain* , située au Midi de la Cohue au Blé, et où est, à cette heure, *le café Louvet.* C'était là que les sujets de Sa Grandeur étaient « tenus d'aller peser et balancer leurs marchandises. » — Le poids public était affermé, au seizième siècle, soixante sols par an.

La ferme de *la Crocheterie* était affermée cent sols. C'était un droit établi sur les *crocs* de chanvre.

d'assurance que d'irréflexion, je dirai nettement à M. Arthur de La Borderie qu'il s'est tout-à-fait mépris, et qu'en Bretagne, précisément, il était un endroit et peut-être plusieurs, « où l'exécution des criminels de justice patibulaire » se faisait au cœur même de la ville. C'est ce qui se vit à Dol, notamment en 1773, année où eut lieu la dernière exécution, celle d'une malheureuse fille, Anne Lepesant, qui avait tué le fruit de son libertinage. Aujourd'hui, on n'est plus aussi sévère ; aussi l'infanticide et tous ses criminels accompagnements se commettent-ils sans compliment ni cérémonies.

Dans les baux d'adjudication pour l'enlèvement des boues de la ville, passés par la communauté de Dol au dix-septième siècle, on voit, parmi les conditions imposées aux adjudicataires, celle de « prendre *lesdites boues sur* » *les Dos d'Ane de cette ville, scavoir celluy d'entre les* » QUATRE PILLIERS *proche la Boucherie, et sur celluy* »*d'au dessoubz la pompe,* » etc.

Le 16 novembre 1790, M. Jean-Jacques Hamelin, procureur de la commune de Dol, fut chargé par le conseil de faire démolir les piliers de *la Vergue* ou *Carrée*, dont on voit encore un sur la place de l'Eperon, à ce que l'on prétend, du moins.

PRISON. — Les constructions aujourd'hui affectées au service de *la maison d'arrêt* paraissent avoir cette destination depuis au moins le commencement du dix-septième siècle, et peut-être bien antérieurement.

Avant 1789, l'évêque de Dol, comme seigneur de toute la ville, avait l'entretien des bâtiments. Joint à celui de l'auditoire, de la boucherie et de la poissonnerie, cet entretien se montait à 600 livres.

Le chapelain de la prison avait 50 livres de traitement ;
et il était alloué au geôlier, pour ses gages, une somme de
cent livres.

IV.

TRÉSORERIE DU CHAPITRE. — CLOITRE DE LA CATHÉDRALE.

Dans toute la longueur du collége actuel (ancien palais
épiscopal), il existe une rue transversale, naguère plantée
de deux rangées d'arbres, mais dont le sol a été sensible-
ment abaissé, il y a quatre ans (février 1854). Ce passage
peu ancien (1) s'appelle habituellement la Trésorerie.
Cette dénomination, qui doit être maintenue, rappelle
l'existence du trésorier du chapitre de la Cathédrale, titre
auquel était attachée la jouissance de la maison prébendale, qui fait l'angle de la Trésorerie et de *la rue Ceinte*
ou *du Cloître*, laquelle maison, vendue nationalement, en
1791, à un avocat, Lemonnier de Pontbaudry, est depuis
passée par plusieurs mains qu'il n'importe à désigner.

Du côté du Midi, la Trésorerie se prolonge jusque dans
la Grand'Rue, par le moyen de l'ancienne petite rue de la
Licorne, qui forme un coude très prononcé. — A propos,
que veut dire ici ce nom de Licorne ? — Je n'en sais vraiment rien, à moins de supposer cependant qu'il existe
quelque rapport de parenté entre ce mot et le terme inju-
rieux dont les gens mal élevés se servent pour désigner
les maris malheureux. Du reste :

Philologi certant et adhuc sub judice lis est.

Du côté du Nord, la Trésorerie aboutit au grand porche

(1) Voir ci-dessus, à l'article du *Château*.

de la Cathédrale, construction remarquable, dont nous avons parlé ci-dessus.

De la Trésorerie, on descend à gauche sur la place *Saint-Samson* ou de *la Cathédrale*, que le chapitre fit planter en 1786. Pendant la république de 1793, elle porta le nom de place *Brutus*. A l'Est, cette place est limitée par les deux maîtresses tours de l'église Saint-Samson, dont il a déjà été question.

Faisant le tour de la basilique, nous rencontrons, ou plutôt nous nous imaginons rencontrer un *vallon solitaire* qui jadis servait aux sépultures de la paroisse du Crucifix, desservie dans la Cathédrale et au bas du chœur de cette église. Il a été comblé en 1854. Continuant notre religieuse pérégrination, nous contournons l'abside, et nous arrivons bientôt à l'entrée de la rue *Ceinte*, dont l'existence paraît remonter avant le neuvième siècle. Son nom vient de ce qu'elle était fermée *(cincta)* de portes à ses deux extrémités, ainsi qu'on en peut juger encore aujourd'hui par des restes de rainures qui sont à l'entrée de la rue, auprès de la maison actuelle du sacristain.

Il y a quinze ans, on voyait encore, auprès du jardin de l'ancienne *Psalette*, deux colonnes de granit, regardées comme romaines (une de chaque côté de la rue), et qui autrefois avaient, vraisemblablement, servi à tenir les portes à cette extrémité. (1) L'auteur du *Panorama*

(1) A la page 251 du nouveau *Dictionnaire de Bretagne* (1843), dans les annotations sur l'article DOL, on lit : « Près de la Cathédrale, à l'emplacement *d'une des anciennes portes de ville*, on voit incrustées dans un mur deux colonnes de granit que M. de Caumont a regardées comme appartenant à l'époque romaine... »

Les colonnes prétenduement romaines ont disparu. Quant à l'emplacement dont parle M. Marteville, éditeur du nouveau *d'un Beau Pays*, M. Bertrand Robidou, en parlait en 1853, comme si elles avaient encore existé. Mais c'est une erreur, car elles ont été enlevées par les propriétaires. C'est ainsi que toutes choses disparaissent, et il ne reste plus qu'à dire : *Evanuerunt*, elles ont existé.

Le concile de Tours de l'an 812 avait ordonné aux évêques, par son canon vingt-troisième, de renfermer dans des lieux cloîtrés les chanoines et les clercs de leurs églises cathédrales : tous devaient coucher dans un même dortoir, prendre leurs repas dans un même réfectoire.

On ne peut douter que ce règlement n'ait été mis à exécution en Bretagne et n'ait donné naissance, à Dol, en particulier, à l'usage de fermer de portes la rue où demeurait le clergé de la Cathédrale. C'était un moyen de prévenir les écarts et le relâchement.

Dans un règlement rédigé en 1265, par Etienne, évêque de Dol, il y a un article où il est question du Cloître, dénomination qui ne peut s'appliquer qu'à la rue Ceinte. Du reste, voici ce curieux passage, qui est resté, jusqu'ici, inédit : « ...... *Prætereà statuimus ut quilibet* FIMUM *de* » *domo suâ ejectum et positum* IN CLAUSTRO NOSTRO, *infrà* » *octo dies post ejectionem in* CLAUSTRO *non dimittat, sed* » *extrà* CLAUSTRUM *tum vel citiùs faciat exportari, ne per* » *moram* FIMORUM CLAUSTRUM *nostrum dehonestari con-* » *tingeret.* »

Dictionnaire de Bretagne, ce n'était point celui d'une porte de la ville ; car la rue Ceinte était au centre même de la ville. Mais M. Marteville, de même que M. de Caumont, ignoraient parfaitement quelle avait été l'ancienne destination de la rue Ceinte, et le défaut de connaissance de l'histoire locale leur a fait commettre la méprise que nous rectifions ici.

Comme il est facile de s'en convaincre, par la lecture de l'extrait ci-dessus, il y a bien des siècles que l'enlèvement des boues est réglémenté à Dol, car le règlement relatif à la rue Ceinte s'étendait, sans doute, aux autres rues de la ville.

Plus tard, au dix-septième siècle, le répurgateur ordinaire de la communauté était chargé d'enlever les boues de la rue Ceinte, qui est spécialement désignée dans les baux d'adjudication. Cette circonstance fait bien voir que cette charge n'avait pas toujours incombé au répurgateur de la communauté, et aussi qu'au dix-septième siècle, et peut-être bien avant, il n'existait plus de portes intérieures à la rue Ceinte.

C'est donc faute d'avoir connu ces détails, que, dans une note sur l'abbé Deric, on a dit que, de son temps, c'est-à-dire à la fin du dix-huitième siècle, la rue Ceinte était fermée « par une porte à chacune de ses extrémités. » (1) D'ailleurs, pour se convaincre que je ne parle pas ici inconsidérément et sans logique, il suffira d'ouvrir l'*Histoire Ecclésiastique de Bretagne*, où l'auteur écrivait en 1788, page 624 : « La rue des chanoines de cette Eglise » (c'est-à-dire de l'Eglise de Dol) retient le nom de rue » Ceinte, parce que ses deux extrémités *ont été fermées* » par des portes. » (2)

Ainsi que le fait observer l'abbé Deric, la rue Ceinte était la rue des chanoines de la Cathédrale; néanmoins, au dernier siècle, quelques familles bourgeoises ou d'extraction noble y avaient fait élection de domicile, comme le

(1) Deric, *Histoire Ecclésiastique de Bretagne*, 1847, t. premier, introduction, page ....

(2) *Ibidem*, t. 2, p. 624.

prouvent, du reste, les registres de la paroisse du Crucifix. Ainsi, en 1774 et années précédentes, nous y voyons séjourner notre grand-oncle, maître Jean-Laurent Bidan, procureur de la juridiction du vénérable chapitre et miseur de la communauté de ville.

On appelait *rue de la Poissonnerie* (1) la rue qui descend depuis la maison du grand Chantre jusqu'à celle de *la Grabotays* ou du *Porche-au-Pain* (2). C'était à l'emport de cette maison, du côté de la Grand'-Rue, que s'étendait la Cohue au Poisson, jusqu'à un puits qui existe encore aujourd'hui, vis-à-vis la maison du *Mortier-d'Or*.

C'était dans la rue Ceinte, à la troisième maison qui fait suite à la *Psalette*, (3) que demeurait le savant abbé Gilles Deric, vicaire général du diocèse de Dol, chanoine de la Cathédrale, principal du collége de cette ville, auteur enfin de l'*Histoire Ecclésiastique de Bretagne*.

Au moment de la révolution, le grand chantre de la Cathédrale habitait la maison prébendale qui fait le rond-

(1) Pendant la république de 93, cette rue portait le nom de *rue des Sans-Culottes*, dénomination la plus bêtement stupide qu'il soit possible d'inventer.

(2) Sous le porche de cette maison, on vendait de petits pains *de Saint-Petreux* et autres menus comestibles.

(3) La Psalette, du latin *psallere*, chanter, était un établissement à la charge du chapitre de la Cathédrale, et où les enfants de chœur étaient nourris et élevés. Cette maison ecclésiastique, située au haut de la rue Ceinte, au Midi, fut acquise nationalement, en 1791, par Gilles-Jean Macé, secrétaire du district de Dol, pour la somme de 2,400 livres. Elle appartient à cette heure à la veuve et aux enfants d'Alcide-Aurèle Macé, son fils, décédé maire de Dol en décembre 1852.

point, au haut de la rue Ceinte, vis-à-vis le jardin de la Psalette. (1) Cette maison appartient aujourd'hui à M. l'abbé Alexandre Hamelin, qui l'a recueillie de la succession de son père François-Pierre-Jean Hamelin, lequel l'avait lui-même acquise du citoyen Jean-Charles Tallon, ancien président du comité révolutionnaire de Dol, acquéreur national.

. . . .

Si l'espace nous le permettait, que de faits nouveaux nous aurions à produire sur cette rue *Ceinte*, que de révélations sur ses habitants d'autrefois ! Mais le temps presse : la feuille est remplie ; terminons !...

V.

DROITS ET PRÉROGATIVES DU CHAPITRE.

Le chapitre épiscopal de Dol était fort riche, et même le plus riche de Bretagne, après ceux de Nantes et de Saint-Malo. Seule, la manse capitulaire se montait à près de 40,000 livres. Chaque prébende avait en outre ses re-

(1) Très-anciennement, une rue dite de *Malestroit* commençait auprès et au-dessous de la maison du grand Chantre et allait, obliquement à la Grand'-Rue, rejoindre la rue qui, aujourd'hui encore, conserve le nom de *rue Etroite*. Alors cette dernière rue ne communiquait pas directement avec la Grand'-Rue. Pour arriver au bourg de Notre-Dame, il fallait aller retrouver la rue de Malestroit, ou passer par les petites ruelles qui communiquaient de la Grand'-Rue à la rue des *Vieilles-Halles* ou des *Bas-Celliers*, et dont quelques-unes existent encore aujourd'hui.

venus particuliers. Fondateur et patron de la paroisse de
Saints, il (le chapitre) nommait le desservant et y faisait
« *la visitation*, » sans que la « dicte parroisse et église de
» Sainct relève et tienne en rien du seigneur évêque de
» Dol. » Il y avait, sur le bord des étangs, « *droit de gibet*
» *et justice patibulaire à trois post*, » et au bourg dudit
Saints, comme dans la rue Ceinte, à Dol, « *prisons, cep*
» *et collier* » pour l'exercice de sa juridiction. Dans la paroisse Notre-Dame de Dol, dont il nommait le recteur,
ainsi qu'à Baguer-Morvan et ailleurs, il possédait deux
bailliages, « l'un d'iceux nommé le Bailliage de la Lavan-
» drie, et l'autre le Bailliage de Pont-Limier. » Dans le
marais, il était propriétaire de plusieurs importantes mé-
tairies, dont les revenus, combinés avec ceux plus haut
mentionnés, formaient, pour Dol, un avantage immense,
avantage qu'il ne possède plus aujourd'hui, que les plus
riches fermes de nos marais sont entre les mains d'étrangers qui vivent loin de notre pays.

Outre les droits dont déjà il a été question, le chapitre
avait les droits de *Chape*, du *Loo* et du *Dousillage*. Par
ce dernier droit, chaque cabaretier de Dol devait au chapitre, le jour de la foire Saint-Samson, quatre deniers,
monnaie du temps. Au premier abord, la redevance paraît fort minime, mais le tout réuni devait former une
somme assez rondelette. En effet, on apprend par le *Livre
Rouge* du chapitre, qu'au quinzième siècle, sur une popu-
lation de 2,000 âmes peut-être, il y avait à Dol (qui l'eût
cru?) *cinquante cabarets* ! Eh ! qu'en concluez-vous ? me
dit quelque ami de ces lieux de rafraîchissement. Mais,
une chose toute simple. C'est que, de tout temps, on a bu
à Dol d'une manière vraiment intrépide, et que les Do-

lois du quinzième siècle n'étaient pas plus ennemis des cabarets que ne le sont ceux du dix-neuvième. — Après tout, jadis on disait *les buveurs d'Auxerre*, pourquoi ne dirait-on pas *les buveurs de Dol*? Cette dénomination me semblerait d'autant moins irrationnelle que, magistrats et sujets, administrateurs et administrés, tout le monde se grisait. Je retrouve, en effet, une lettre de M. Léon de Treverret, sénéchal de Rennes, adressée à l'intendant de Bretagne, pour une contestation relative à la communauté de Dol, et dans laquelle il se lit que le maire, Jean-Gervais Lepoitevin, a pour habitude de « s'enivrer aux Etats, » que « *c'est un yvrogne dont les cabaleurs disposent à leur » gré.* »

Peut-être, sous l'influence de cette opulente richesse, le chapitre de Dol avait perdu de l'austérité des anciens jours. Du moins, de vagues traditions contemporaines nous le représentent comme fort répandu dans le monde et mêlé aux plaisirs et aux dissipations du siècle, auquel il avait dû dire un adieu éternel..... Faisons observer, toutefois, que l'historien sérieux doit se défier beaucoup de tous ces bavardages de localité, le plus souvent calomnieux, et qu'il ne doit les accueillir qu'avec une extrême réserve, lors même qu'ils ont pris corps dans un livre. Du reste, voici quelle fut la fin du chapitre de Dol.

VI.

SUPPRESSION DU CHAPITRE DE DOL.

Comme toutes les autres corporations ecclésiastiques, le chapitre épiscopal de Dol fut supprimé par le décret de l'Assemblée constituante du 12 juillet 1790. Le directoire

9

du district fut chargé d'exécuter cette mesure, dont nous avons eu le procès-verbal original entre les mains. Il débute en ces termes :

Du 19 novembre 1790.

« Nous Thomas-Jacques Corbinais, Jean-Joseph Hebert et Mathurin-Julien Garnier, administrateurs composant le directoire du district de Dol, déférant au réquisitoire de François-Louis Gaultier, procureur-syndic, du matin de ce jour, sur l'exécution de l'art. 20 du décret du 12 juillet 1790, publié en cette ville le 17 octobre dernier, certifions nous être, ce jour dix-neuf novembre mil sept cent quatre-vingt-dix, transporté du lieu de nos séances, en compagnie dudit procureur-syndic et de notre secrétaire-greffier, jusqu'à l'ancienne cathédrale de cette ville, à l'effet d'y rapporter état et inventaire des choses, titres et objets à l'usage des ci-devant chanoines et leurs officiers, même d'apposer partout où besoin sera le sceau de ce district, et finalement, de donner au procureur-syndic tels apurements qu'il requerera et qui conviendront, où étant arrivés aux trois heures de relevée, néanmoins à l'issue de l'office, et entrés dans le chœur, l'un de nous a fait connaître aux chanoines et autres y réunis le motif du présent, avec prière de nous suivre dans la sacristie, pour y être présents à nos opérations ; à quoi déférant, ils nous y ont introduits, et tous entrés, le procureur-syndic a requis qu'il fût donné en tant que besoin lecture de l'art. 20 du décret du 12 juillet dernier ; ce qui a été fait par notre secrétaire, ainsi que de ce que devant.......... »

Par la suite du procès-verbal, on apprend qu'étant tous entrés à la sacristie, le procureur-syndic ordonna au se-

crétaire de donner lecture aux chanoines du décret de
l'Assemblée nationale constituante, qui ordonnait leur
suppression. Cette lecture était à peine terminée, que
Gilles Deric requit le procureur-syndic de faire insérer
dans son procès-verbal une délibération, prise par le chapitre le matin de ce jour, et dans laquelle il protestait contre sa suppression.

Le procureur-syndic se refusa d'abord à cette insertion,
pour des raisons déduites dans le procès-verbal ; mais, sur
les pressantes instances de Deric (qui, semble-t-il, avait
rédigé cette délibération), les administrateurs, ayant con-
féré ensemble, finirent par autoriser l'insertion de la délibération, que nous ne pouvons insérer ici à cause de son
trop d'étendue, mais que nous n'avons pu lire sans une
véritable émotion. Deric et tous les autres chanoines présents signèrent de nouveau la délibération, sauf deux qui
s'y refusèrent, savoir : Jean-Ambroise Soulgé, théolo-
gal, et Noël-François Gallerye, qui plus tard se maria.

La nuit étant promptement survenue, les administrateurs renvoyèrent au lendemain, 20, la continuation de
leurs opérations. Lorsque tout fut terminé, les portes
furent fermées, et tout office y fut interdit. Ainsi finit le
chapitre de Dol, après une existence de plus de mille ans.

CONCLUSION.

Au moment où le chapitre et le siége épiscopal de Dol
disparurent pour jamais dans une ruine commune, cette
disparition fut moins sensible, parce que la révolution, en
enlevant à Dol ses anciens établissements, lui accordait
comme par échange un chef-lieu de district et une juridic-

tion royale. Mais lorsqu'en l'an V, ces derniers moyens de puissance lui furent arrachés, c'est alors que le pays put comprendre toute l'étendue de ses pertes, qui sont longuement énumérées dans une lettre suppliante, adressée au ministre de l'intérieur, à la date du 13 germinal an XIII (mai 1806.) La parole est laissée au maire.

« *Monseigneur*,

» Nous avons l'honneur de mettre sous vos yeux l'état des pertes que la ville de Dol a essuyées depuis la révolution. S'il est beaucoup de villes en France qui aient été maltraitées par cet événement, il en est peu qui l'aient été autant qu'elle, proportion gardée, et qui doivent fixer plus les regards paternels du gouvernement.

» Cette cité ancienne, quoique devenue petite par les guerres, comme frontière de l'ex-Normandie, et les différentes révolutions des siècles, possédait tout ce qui convenait à cette ville, sinon du premier ordre, mais du second, et sous tous les rapports, ce qui était nécessaire pour rendre ses habitants heureux : Evêché, chapitre assez riche, maisons religieuses d'hommes et de femmes, où étaient établis des pensionnats, collège pour les humanités, fontaine publique, maison de Sœurs de Sagesse, qui instruisaient les enfants de leur sexe et portaient des secours gratuits à domicile, marmite des pauvres. Enfin, elle était dernièrement chef-lieu de district ou arrondissement, tribunal de première instance, où soixante mille personnes des environs trouvaient l'expédition de leurs affaires à *six, huit ou dix kilomètres* de leur domicile, au lieu que maintenant ils se ruinent en voyages, pour aller la chercher à *vingt, trente, quarante kilomètres loin de chez eux.* De tous ces avantages précieux, il n'existe plus rien, si ce n'est le souvenir du bonheur passé..... »

Rien à ajouter à ce tableau saisissant, sinon qu'il est d'une exactitude avérée, et que l'état de choses qui est constaté n'a pas changé d'un *iota* depuis cinquante ans.

Plusieurs fois, l'administration municipale de Dol a fait de louables efforts auprès de l'autorité supérieure pour obtenir un chef-lieu d'arrondissement ; vainement elle a intéressé à ses justes réclamations des hommes que leurs fonctions rendaient puissants ; jamais ses démarches, dictées par le patriotisme, n'ont été entendues, brisées qu'elles ont été par la jalousie d'une ville voisine qui, comme autrefois Carthage, veut tout monopoliser vers elle.

L'avenir de Dol réside donc dans le commerce, dans l'industrie. Mais, pour faire prospérer le commerce, il faut bien s'entendre entre concitoyens, il faut de l'union, du patriotisme qui ne soit pas rétréci, cette concorde enfin que le héros de Virgile demandait pour ses descendants et que nous souhaitons de tout notre cœur aux habitants de Dol.

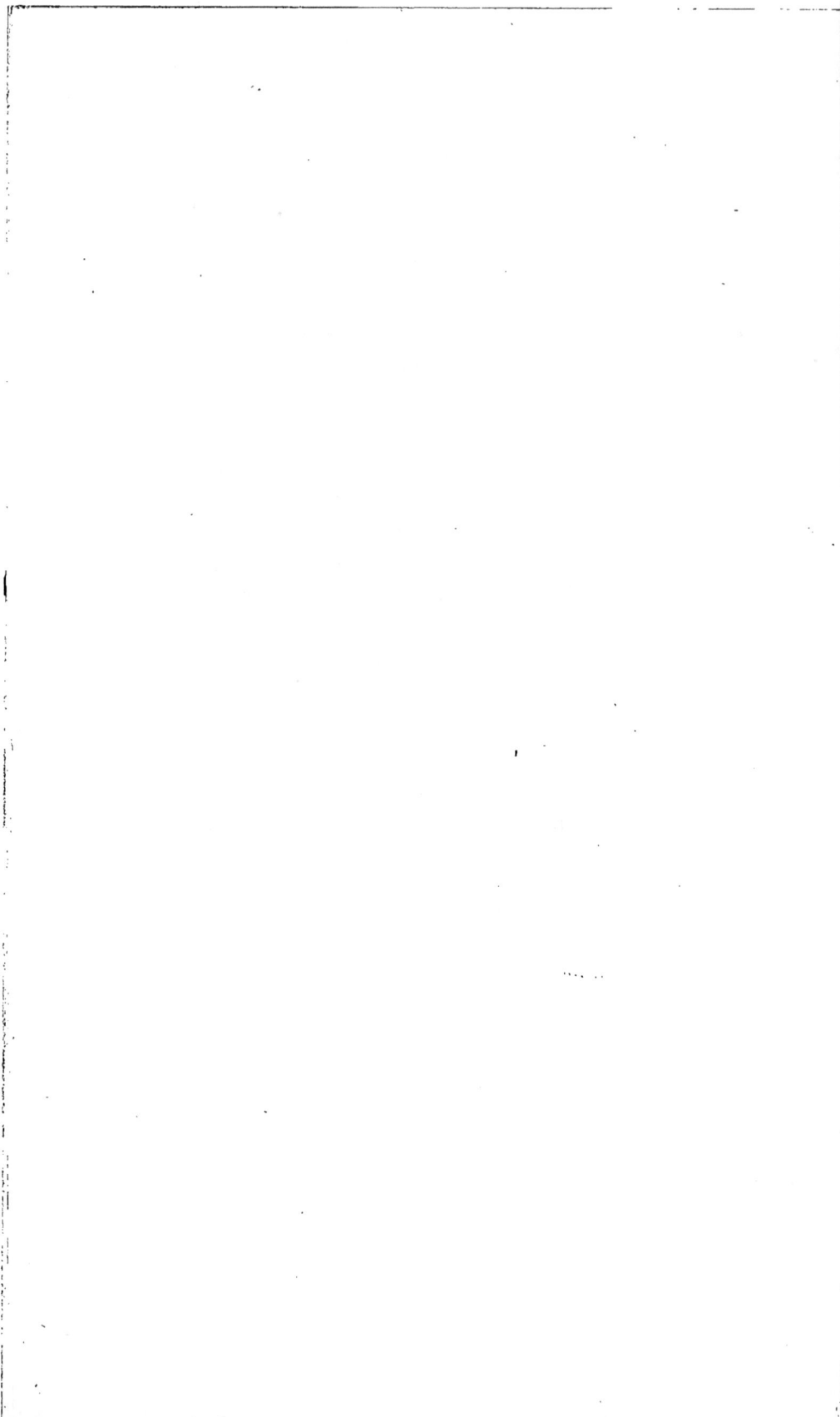

CORRECTIONS ET ADDITIONS.

Page 8, ligne 13, au lieu de : *fenctions*, lisez : *fonctions*.
Ibid., ligne 17, au lieu de : *fendateur*, lisez : *fondateur*.

Page 22, ligne 13, au lieu de : *l'épiscopat*, lisez : *le pontificat*.

Page 32, ligne 15, au lieu de : *centrà*, lisez : *contrà*.
Ibid., ligne 18, au lieu de : *et nocte*, lisez : *de nocte*.
Ibid., ligne 29, note, au lieu de *canonicerum*, lisez : *canonicorum*.

Page 36, ligne 10, au lieu de : *vivum*, lisez : *virum*.
Ibid., au bas de la page, note 2, au lieu de : *ci-dessus*, lisez : *ci-dessous*.

Page 38, ligne 10, au lieu de : *jaciant*, mot, en cet endroit, incompréhensible, il faut lire : *faciant*.

Page 60, ligne 20, au lieu de : *as*, lisez *ac cano*.

Page 63, note 2, au lieu de : *François Pinel*, lisez : *Jean Pinel*.
ibid., au lieu de : *le 26 avril* 1802, *à l'âge de* 75 *ans*, lisez : *le 30 novembre* 1802, *à l'âge de* 75 *ans*.

Page 66, ligne 16, lisez : *X*ᵐᵒ *Maii*.
Ibid., ligne 18, lisez : *oretis*, au lieu de : *orate*.

Page 67, ligne 6, au lieu de : *rue Painte*, dénomination inintelligible, lisez : *rue Sainte (sic)*.

Page 71, ligne 12, après 1555, placez (2) et ajoutez en note ce qui suit :

(2) On lit dans *le Dictionnaire Historique de Bretagne*, p. 232, édition Marteville : « François de Laval-Montmorency, évêque » de Dol, y établit, en 1634, un couvent de Récollets. » Je ne vois qu'une objection à faire à cette donnée du *Dictionnaire de Bretagne*, c'est que le Bâtard de Laval mourut le 2 juillet 1555, et ainsi, — à moins d'avoir anticipé sur la résurrection générale, — il ne pouvait fonder un couvent quelconque en 1634. Cette erreur de M. Ogée, premier éditeur du *Dictionnaire*, aurait pu et même aurait dû être convenablement relevée par le nouvel éditeur; mais ce brave homme s'est borné à dire, à la page 251 : « Nous ignorons où était l'ancienne église des Récollets. » — A l'avenir, cette ignorance ne sera plus permise et il faudra rayer cette prétendue église des Récollets, qui n'exista jamais.

Cœtera, optime lector, suppleas, oro.

DINAN : DE L'IMPRIMERIE BAZOUGE.